MASHALLAH

＊ 이 책의 코란 구절 인용은 《꾸란 주해》(최영길 역주, 세창출판사)를 참고하였습니다.
＊ 본문의 코란 구절 인용 부분 끝에는 괄호 안에 장과 절을 넣어 표기하였습니다.

무슬림의 일상과 코란부터
테러와 히잡을 둘러싼 논쟁까지

10대가
묻고,

이슬람이
답하다

율라 쇤레버 지음 | 글
알렉산드라 클로보우크 그림

김효진 옮김 | 유달승 감수

오유아이 Oui

| 차 례 |

이슬람은 과연 어떤 종교일까?

　　오늘날 이슬람만큼 자주 언급되면서 동시에 논란의 대상이 되는 종교도 드물다. 2001년 9월 11일, 미국 뉴욕 한복판에서 테러가 일어나자 미국은 '테러와의 전쟁'을 선포하고 지구촌을 선과 악의 대립 구도로 구분하였다. 미국은 테러와의 전쟁을 '십자군 전쟁', '이슬람 파시즘과의 전쟁'으로까지 미화하였다. 이러한 현상은 IS(이슬람국가)를 비롯해 이슬람 극단주의 세력의 테러 공포와 위협이 전 세계 곳곳으로 확산되면서 더욱 강화되었다.

　　이렇듯 논란의 중심에 선 이슬람이라는 종교는 어떤 종교인지, 우리는 이슬람에 대해서 과연 제대로 알고 있는지, 그리고 우리가 이슬람 하면 떠올리는 그 모든 것들은 진실과 얼마나 가깝고 또 얼마나 먼지 곰곰이 생각해 볼 때가 되었다.

　　여러 종교 중 이슬람에 대해서는 유난히 많은 오해와 편견이 존재하고 있다. '한 손에 칼, 한 손에 코란'이라는 표현은 이슬람의 폭력성을 대표하는 것으로 가장 널리 알려진 슬로건이다. 이는 종교를 선택하지 않으면 죽음을 선택할 수밖에 없도록 하는 강압적이고 폭력적인 이슬람의 포교 활동을 상징하는 표현으로 널리 퍼져 있다. 하지만 이슬람의 경전인 코란에는 이런 표현이 언급된 적이 없다. 더군다나 이슬람의 역사를 살펴보면 한 지역이나 나라를 정복한 뒤에 그 땅에 살던 이교도나 이민족을 강제로 이슬람으로 개종시킨 일도 없다. 그 대신 불평등한 조세제도 같은 행정 정책을 두어 이교도나 이민족이 스스로 이슬람으로 개종하도록 유도하였다.

이슬람 하면 떠오르는 또 하나의 이미지는 온몸이 검은 베일(히잡)로 둘러싸인 무슬림 여성이다. 반이슬람주의자들은 이러한 무슬림 여성의 복장을 문화적 혐오주의와 여성 차별로 연결시키며 논쟁의 중심으로 끄집어낸다. 무슬림 여성이 두르는 베일은 머리카락, 손목, 발목 등 드러나는 신체 부분을 가리는 이슬람의 전통 복장이다. 이는 가톨릭에서 여성들이 미사 때 머리에 쓰는 미사포와 같은 종교적 의미를 띠고 있다.

무슬림 여성의 복장을 둘러싼 논쟁은, 이슬람 국가가 서구의 문화를 받아들이고 전통적 관습을 폐지해야 한다는 식민 담론과 서구의 지배에 저항하기 위해 전통적 가치를 지키자는 저항 담론의 충돌에서 시작되었다. 따라서 오늘날 베일을 둘러싼 논쟁은 이슬람이라는 종교가 여성을 억압하느냐 아니냐의 문제에 있는 것이 아니다. 그보다 이 논쟁은 반이슬람주의자들이 이슬람이 여성을 억압하고 있다는 것을 보여주기 위하여 정치적으로 악용하는 수단으로 쓰인다.

따라서 단순히 이슬람 복장을 하지 않는 것은 여성 해방이고, 이슬람 복장을 하는 것은 여성 억압이라고 규정할 수는 없다. 베일은 사실 종교나 관습의 의미를 떠나 뜨겁고 건조한 사막이라는 척박한 자연환경에서 여성의 신체를 보호하기 위해 만들어진 의복이라는 환경적인 특성도 반영하고 있다.

이슬람은 과연 어떤 종교일까? 이 질문에 답을 하는 것은 그리 간단하지 않다. 다른 종교처럼 이슬람도 역사적으로 끊임없이 변화해 왔다. 따라서 시기와 지역에 따라 이슬람의 성격과 특성, 이슬람이라는 종교가 끼친 영향은 각기 다르다. 또한 이슬람은 단순한 종교라기보다 종교와 정치, 사회적 관습과 문화의 복합체이다. 그렇기 때문에 우리가 이슬람을 제대로 이해하기 위해서는 나와 다른 문화와 종교를 이해하고 존중하려는 자세가 우선되어야 한다.

낯설고 생소한 종교와 문화를 만났을 때 사소한 차이를 먼저 부각시키고, 우월성과 열등성을 따지기보다는 나와 다른 문화의 독특함을 있는 그대로의 모습으로 받아들이는 자세가 중요하다. 무엇보다 우리도 어느새 자기네 스스로를 선진적이고 합리적이라고 여기는 서구 문명의 눈으로 이슬람을 판단하는 건 아닐까 따져보아야 한다. 나와 다른 문명권을 있는 그대로 이해하고 받아들이는 자세가 21세기를 지칭하는 '세계화 시대', '다문화 시대'에 필요한 삶의 지혜일 것이다.

이탈리아에 가면 기울어진 탑으로 유명한 피사의 사탑이 있다. 그런데 피사의 사탑은 오른쪽에서 왼쪽으로 기울어졌을까, 아니면 왼쪽에서 오른쪽으로 기울어졌을까? 이렇듯 사물과 사건은 보는 입장과 태도에 따라 다르게 보일 수도 있다.

《10대가 묻고, 이슬람이 답하다》는 이슬람을 둘러싼 다양한 이야기를 매우 명료하게 정리하여 청소년들이 낯선 이슬람에 대한 이해의 폭을 넓히는 데 많은 도움을 준다. 또한 이제까지 알지 못했거나 혹은 잘못 알고 있던 이슬람 이야기를 다양한 시각에서 살펴볼 수 있는 좋은 기회가 될 것이다.

유달승(한국외국어대학교 이란어과 교수)

1. 이슬람의 알라는 어떤 신일까?

신, 그리고 그가 만든 세상

사람들은 오래전부터 우리 인간이 어디에서 왔는지, 우주는 어떻게 시작되었는지, 우리는 왜 사는지 궁금해 했다. 많은 종교들이 그렇듯, 이슬람에서도 신이 만물을 창조했다고 가르친다. 아랍어로 '알라(allāh)'란 '신'이라는 뜻이다.

이슬람교도인 무슬림에게 신은 하늘과 땅을 만든 창조주다. 신은 태초부터 스스로 존재했고, 영원히 존재한다. 이슬람의 경전은 '코란'이라고 하는데, 코란에는 신에 대해 이렇게 기록되어 있다.

"하늘과 땅을 알라께서 창조했다. 주권이 그 분께 있으며 그 분은 자손을 두지 않는다. 그 분과 대등한 것은 없다. 모든 것을 창조하고 사물을 정립한 것도 그 분이시다."(25:2)

알라는 땅과 물, 불, 하늘을 창조했다. 그리고 알라는 동식물처럼 눈에 보이는 것부터 '진'이라 불리는 악마와 수많은 천사들처럼 눈에 보이지 않는 것까지 모든 생명체를 창조했다.

유대교와 기독교처럼 이슬람에서도 천사가 신의 심부름꾼이라고 믿는다. 천사는 빛에서 창조되었고, 알라에게 충성을 다한다. 천사에게는 의지도 욕구도 없기 때문에 다른 생명체와 달리 배고픔을 느끼지 않고 자식도 낳지 않는다고 한다.

코란을 보면 알라는 천사와 진을 창조한 뒤에 마지막으로 최초의 인간 아담을 만들었다. 인간을 만든 알라는 천사들과 악마 이블리스한테 인간에게 무릎을 꿇고 경배하라고 명령했다. 천사들은 명령에 따랐지만, 이블리스는 그러지 않았다. 진흙으로 만들어진 인간보다 불로 만들어진 자기가 더 우월하다고 생각했기 때문이다. 그러자 알라는 이블리스를 저주하고 불태워서 지옥으로 쫓아 버렸다. 그때부터 이블리스는 인간들도 자기처럼 알라의 심판을 받아 지옥에 떨어지길 바라며 악한 행동을 하게끔 유혹한다고 한다. 그래서 코란은 인간들이 지옥이 아닌 천국에 갈 수 있도록 악마의 유혹을 경계하라고 경고한다.

모든 것에 시작과 끝이 있듯, 지구상의 모든 생명은 태어나고 죽게 되어 있다. 오직 알라만이 탄생과 죽음을 초월한다. 탄생과 죽음은 인간의 이성으로는 이해할 수 없는 일이다.

알라는 천국을 다스린다. 무슬림이 상상하는 천국의 모습은 아름다운 정원과 금으로 둘러싸인 침대가 있고, 먹고 마실 것이 가득하며, 걱정 근심이 없는 곳이다. 천국에는 부족함이 전혀 없다. 알라가 천국에서 갖는 권세는 코란에 이렇게 나와 있다.

"알라 외에는 신이 없나니 그 분은 살아계시고 영원하시며 모든 것을 주관하시도다. 졸음도 잠도 그 분을 엄습하지 못하도다. 천지의 모든 것이 그 분의 것이니 그 분의 허락 없이 어느 누가 죄를 사해 줄 수 있으랴. 그 분은 우리의 수중에 있는 것과 등 뒤에 있는 모든 것을 알고 계시며 우리는 그 분에 대하여 그 분이 허락한 것 외에는 그 분의 지식을 아무것도 모르느니라. 권좌가 천지 위에 펼쳐져 있어 그것을 보호하는 데 피곤하지 아니하시니 그 분은 가장 위에 계시며 장엄하시도다."(2:255)

그래서 무슬림은 코란을 낭송하면 알라가 위험과 악한 힘으로부터 자기를 보호해 줄 것이라고 믿는다. 또한 코란에는 알라가 피조물을 책임지고, 그들에게 자비를 베풀 것을 약속한다는 내용도 들어 있다.

"일러 가로되, 하늘과 땅의 모든 것이 누구의 것이뇨? 일러 가로되, 그것은 알라에게 속하며 그 분께서는 자비를 베푸시고자 나타내 보이셨노라."(6:12)

무슬림이 알라와 소통할 때는 중재자가 필요 없다. 알라는 인간과 가까이, 심지어 목에 있는 혈관보다도 더 가까이 있어서 직접 소통할 수 있기 때문이다.

"내가 인간을 창조하였으니 나는 인간의 마음속에 속삭이고 있는 모든 것을 알고 있느니라. 인간의 목에 있는 혈관보다 내가 더 인간에게 가까이 있느니라."(50:16)

이렇게 인간은 신과 가까이 있어서 언제든지 알라에게 도움과 지원을 요청할 수 있다.

"나의 종들이 그대에게 나에 관해 물을 때 나는 너희들 가까이서 내게 예배하는 자들의 소원에 응답하노라. 그러므로 나의 부름에 따르라. 나를 믿는 자들은 올바른 길로 인도된다고 말하라."(2:186)

99개의 이름을 가진 알라

물론 알라는 인간과 다르지만, 우리 인간은 알라가 지닌 여러 가지 속성을 통해 알라라는 존재를 이해하고 묘사할 수 있다. 무슬림은 알라의 속성을 알라의 99개 이름으로 요약했다. '알라의 가장 아름다운 이름'이라 부르는 99개의 이름은 알라가 인간을 위해 어떻게 일하는지 보여준다. 이를테면 알라는 '우주 만물의 절대적인 지배자'이고 '평화의 근원'이며 '완전하신 분'이자 '가장 자비로우신 분'인 한편, '복수하시는 분'이고 '피조물들이 행하는 모든 것들을 기억하고 계산하시는 분'이기도 하다.

무슬림에게 이 아름다운 99개 이름은 의미가 크며, 코란에서 알라는 신자들에게 그 이름들을 부르라고 말한다.

"그 분이 바로 알라이시며 그 분 외에는 신이 없노라. 그 분은 보이지 않는 것과 보이는 것도 알고 계시며 가장 자비로우시고 자애로우신 분이시라. 그 분이 바로 알라이시며 그 분 외에는 신이 없노라. 그 분은 주권자이시며 성스러운 분이시며 평화를 주시고 안전을 수여하시는 분이시며 모든 것을 지켜 주시는 분이시며 가장 위대하시고 권세와 모든 위대함의 소유자이시라. 그들이 비유하는 것 위에 높이 계신 거룩하신 분이시라. 그 분이 바로 창조주 알라로 창조하시는 분이요, 형상을 만드시는 조물주이시라. 가장 훌륭한 이름들은 그 분의 것이며, 하늘과 땅에 있는 모든 것들이 가장 강하시고 가장 현명하신 알라를 찬양하고 찬미하노라."(59:22~24)

코란에는 알라의 이름이 900번이 넘게 나온다. 이때 두 가지 속성이 자주 나오는데, 바로 자비와 은혜다. 인간은 알라의 자비와 은혜에 의지하기 때문에 어려운 상황에서도 알라를 찬양할 수 있고, 알라가 자기의 기도와 바람을 들어주리라 기대한다. 무슬림은 중요한 일을 시작할 때면 '가장 은혜로우시며 가장 자비로우신 알라의 이름으로'라고 말하면서 알라의 은혜와 자비를 되뇐다.

알라는 무엇에 비유될까?

인간이 알라를 상상하기는 어렵지만 코란에 나와 있는 비유를 머릿속에 그려 볼 수는 있다. 다음에 소개하는 코란 구절은 알라에 대한 매우 유명한 비유 중 하나다.

"알라는 하늘과 땅의 빛이라. 그 빛을 비유하사 벽 위의 등잔과 같은 것으로 그 안에 등불이 있으며, 그 등불은 유리 안에 있노라. 그 유리는 축복 받은 올리브기름으로 별처럼 밝게 빛이 나니라. 그것은 동쪽에 있는 나무도 아니요, 서쪽에 있는 나무도 아니라. 그 기름은 불이 닿지도 아니하나 더욱 빛나 빛 위에 빛을 더하노라. 알라께서는 당신이 원하는 자를 그 빛으로 인도하시며 사람들에게 비유를 드시노라. 알라께서는

모든 것을 아시노라."(24:35)

알라는 자신을 인간 삶에 꼭 필요한 빛으로 비유했다. 빛은 앎과 깨달음, 지식과 힘을 뜻하기도 한다. 무엇보다 이 비유로 분명히 알 수 있는 것은, 알라는 인간이 아는 빛에 비유될 수 있지만 세상 어디에도 없는 오직 하나뿐인 빛이라는 것이다.

알라는 자신을 작은 모기에 비유하기도 한다. 스스로를 작고 쓸모없어 보이는 모기 같은 생물에 비유함으로써 사람들이 깨달음을 얻게 하는 것이다. 어떤 이들은 모기를 단순히 성가신 존재로 여길 뿐이지만, 어떤 이들은 모기의 경이로운 특성과 유용함을 알아보고 그것을 통해 진리에 한 걸음 더 가까이 갈 수 있다.

"실로 알라는 모기나 심지어 그보다 더 미미한 것으로도 비유하시니라. 믿는 자는 그 비유가 알라로부터 온 진리임을 믿으나 불신자들은 말하기를 '알라는 그 비유를 들어 무엇을 원하느뇨'라고 하더라. 일러 가로되 그것으로 많은 불신자들을 방황하게도 하고 또 많은 믿는 자들을 인도하시노라. 실로 알라는 이단자들만을 방황하게 하시니라."(2:26)

알라의 100번째 이름은 무엇일까?

무슬림들은 신의 100번째 이름을 아는 사람이 아무도 없다고 한다. 많은 무슬림들은 알려지지 않은 신의 100번째 이름을 찾으려고 일생 동안 애쓴다. 그들은 신의 100번째 이름을 찾으면 보상으로 천국에 갈 수 있다고 믿는다.

독일의 대 문호 괴테도 알라의 이름을 자신의 책《서동시집》에서 다

룬 적이 있다. 《서동시집》은 괴테가 이란의 시인 하피즈(1300-1389년)
의 시를 독일어 번역으로 읽고 자극을 받아, 그 화답으로 발간한 시집이
다. 괴테는 하피즈의 작품에서 동방의 가치를 새롭게 발견해 동방의 역
사와 문학에 관심을 기울이게 되었다.

　이런 배경을 가진 《서동시집》에서 괴테는 알라의 이름을 두고 이렇
게 쓰고 있다.

　　　유일하게 정의로운 분, 그 분께서는
　　　누구에게나 정의를 베풀기 원하신다.
　　　그 분의 수백 가지 명칭 가운데
　　　이 이름 높이 찬양받을진저! 아멘.

　　　　　　　　　　　괴테의 시 〈탈리스만〉 중에서

이슬람의 다섯 기둥

1. 신앙 고백 2. 예배 3. 금식 4. 종교 구빈세 5. 성지 순례

2. 무슬림은 왜 하루에 다섯 번 기도할까?

모든 무슬림은 다섯 가지 의무를 행동으로 옮겨야 한다. 자신의 신앙을 고백해야 하고, 규칙적으로 예배하며, 금식 기간인 아홉 번째 달 라마단에 금식해야 한다. 또한 자신의 재산 또는 수입의 일부를 헌납하며, 일생에 적어도 한 번은 무함마드가 태어난 성스러운 도시 '메카'를 순례해야 한다.

이 다섯 가지 의무를 이슬람에서는 '다섯 개의 기둥'이라 부른다. 이것이 이슬람 신앙의 기본이다.

첫째 기둥, 신앙 고백

이슬람은 세계 주요 종교 중 하나이고, 신도는 14억이 넘는다. 태어날 때부터 무슬림인 경우도 있고, 개종을 통해 신자가 되기도 한다.

종교가 없거나 어릴 때부터 다른 종교를 믿은 사람들은 성인이 되어 이슬람을 선택하여 신도가 될 수 있다.

신앙 고백을 뜻하는 '샤하다'는 이슬람의 첫째 기둥이다. 샤하다의 내용은 다음과 같다.

"나는 알라 외에 신이 없음을 증언하며, 무함마드는 알라의 사도임을 증언하나이다."

무슬림은 어릴 때부터 이 문구를 배우긴 하지만, 신앙 고백을 하려면 그 뜻을 분명히 알아야 한다. 무슬림으로 개종하려는 사람은 성인 두 명을 증인으로 세우고 신앙 고백을 하면 된다. 개종자들은 이슬람 교단에서 신앙 고백을 했다는 세례 증명서를 받을 수 있다.

알라는 위대하시다.
기도하러 올지어다.
예배 보러 올지어다.

Allâhu akbar
Hayya âlâ s-salâh
Hayy âlâ l-falâh

나는 알라 외에 신이 없음을 증언하나이다.
나는 무함마드가 알라의 사도임을
증언하나이다.

Aschhadu an
lâ ilâha illâ llâh
wa-aschhadu anna
Muhammadan rasûlu llâh

무슬림은 갓 태어난 아기의 왼쪽 귀에 신앙 고백을, 오른쪽 귀에 기도문을 들려준다.
아기는 이 의식으로 무슬림 공동체에 받아들여진다.

둘째 기둥, 예배

이슬람의 둘째 기둥은 매일 하는 예배, '살라트'이다. 예배는 하루 중에서 저녁, 밤, 새벽, 낮, 오후 이렇게 다섯 번 하고, 코란을 가장 잘 낭독하는 사람이 예배를 이끈다.

이슬람에서는 해가 지는 일몰과 함께 하루가 시작된다고 본다. 그래서 하루 다섯 번의 예배에서 저녁 예배인 '마그립'이 첫 번째 예배가 된다. 그 다음으로 밤 예배 '이샤'가 있다. 새벽 예배는 동틀 무렵에 시작하고, 해가 가장 높이 오를 때 낮 예배를 드린다. 오후 예배는 정확히 정해진 시간이 없어, 무슬림은 이 시간을 물건이나 사람의 그림자가 실물과 같아지는 때로 정한다.

예배 전에는 항상 마음가짐을 가지런히 한다. 신자들은 예배할 때 얼굴을 메카 방향으로 하고 두 손을 귀 높이까지 올리고 "알라는 위대하시다(알라후 아크바르)."라고 말한다. 그 다음 두 손을 가슴 앞에서 엇갈리게 하고 코란의 첫 장을 암송한 다음, 코란에서 읽고 싶은 장을 낭독한다. 이 단계를 '똑바로 서기'라고 한다.

다음에는 반절을 한다. 이때 두 손은 무릎에 가지런히 놓고 "완벽하시고 지고하신 저의 주님이십니다."라고 적어도 세 번 소리 내어 말하고 몸을 일으킨다. 예배 인도자가 "알라는 그를 찬양하는 자의 소리를 들으신다."고 하면, "주여, 당신은 찬양받기 합당하시나이다."라고 대답한다. 그 다음 양 손바닥과 이마, 코, 발끝과 무릎이 바닥에 닿게 두 번 절을 한다. 이때 적어도 세 번 "지고하신 나의 주님께 영광이 있으시기를."이라고 말한다.

예배 마지막에는 오른쪽으로 고개를 돌리면서 "당신에게 평화와 알라의 자비가 깃들기를."이라고 말한 다음, 왼쪽으로도 고개를 돌리며 똑같이 인사한다.

기도 의식은 되도록 아랍어로 해야 한다. 아랍어 기도문을 모르는 사람들은 모국어로 할 수 있지만, 기본적으로 모든 무슬림은 아랍어 기도문을 배우려고 노력해야 한다.

매일 하는 다섯 번의 예배 외에 소원을 비는 기도인 '두아'가 있다. 두아는 누구나 자유롭게 할 수 있는 기도이며, 자신이 가장 편하게 쓰는 언어로 할 수 있다. 금요일에는 합동 예배가 열린다. 합동 예배는 사원에 모여서 하는 것이 좋다.

이슬람 공동체는 대부분 29일이나 30일 간의 라마단 기간 동안 코란을 처음부터 끝까지 낭송하려고 노력한다. 이를 위해 많은 교구에서 코란 낭독을 배운 전문가를 초대한다. 라마단 종료 축제 때는 특별 예배를 드린다.

이슬람의 지도 기도 역시 무슬림이 매우 중요하게 여기는 기도 중 하나다. 많은 사람들이 인생의 특별한 상황에서 결정을 내려야 할 때 알라의 지도를 받고 싶은 마음으로 지도 기도를 한다. 지도 기도는 알라와의 친밀한 대화로서, 알라와 가까운 느낌을 누리고자 하는 것이다. 실제로 많은 신도들이 분주한 일상에서 이 기도를 통해 마음의 평화를 얻는다.

다섯 번의 예배 가운데 정오 예배와 오후 예배는 짧게 하거나 나중에 보충하기도 한다. 무슬림은 예배를 정해진 시간에 하려고 노력하지만

예배

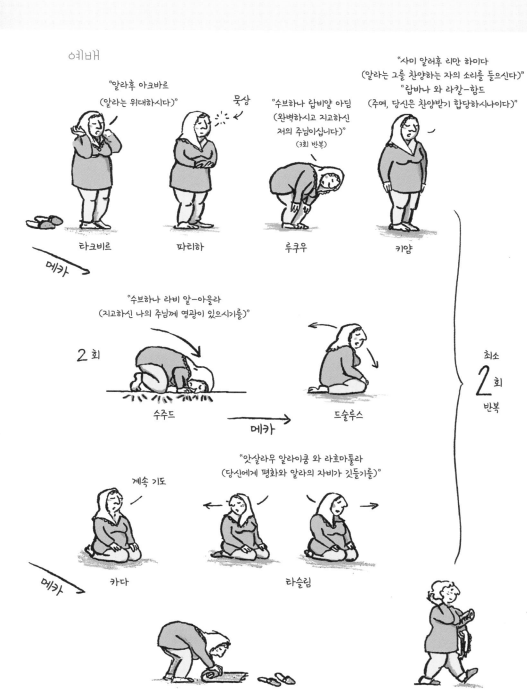

늘 그럴 수는 없다. 외과 의사가 기도하기 위해 수술을 도중에 중단해서는 안 되듯이 말이다. 나중에 기도를 보충하기도 하지만, 정규 예배 사이의 간격이 크므로 그 시간을 활용하기도 한다.

청결은 종교 의식의 시작

기도가 효력이 있으려면 기도하는 장소, 몸과 옷이 깨끗해야 한다. 따라서 예배를 준비하는 과정에는 마음을 가다듬는 것뿐 아니라 외적인 청결을 위한 종교 의식도 포함된다. 예배 전에 아랍어로 '우두'라고 하는 세정식을 거친다.

세정은 흐르는 물로 해야 한다. 신자들은 먼저 손을 씻되 손목까지 씻고 입과 코를 헹군 다음, 얼굴을 씻고 팔꿈치를 포함해 팔 아랫부분을 씻는다. 그러고 나서 머리와 목을 쓰다듬고, 마지막으로 복사뼈까지 발을 씻는다.

이런 세정이 또 언제 필요한지는 이슬람 교리를 가르치는 학교마다 다르다. 자고 일어났을 때나 화장실에 다녀왔을 때 세정을 해야 한다고 주장하는 곳도 있고, 이성과 악수를 하거나 이성의 몸을 만졌을 때 해야 한다는 곳도 있다.

전체 세정은 정수리부터 발바닥까지 씻는 것인데, 이때는 생식기도 씻어야 한다. 남자는 성관계 후, 여자는 출산 후와 월경 후에 전체 세정을 해야 한다.

세정식

세정소
(주로 사원 앞이나 안뜰에 있다.)

1. 손목까지

2.

3.

4. 팔꿈치까지

5.

6. 복사뼈까지

사막처럼 물이 없는 곳에서는
물 대신 조약돌이나 모래를 사용한다.

조약돌

모래

예배할 때 여성은
머리에 히잡을 두르고
남성은 타케를 쓴다.

셋째 기둥, 라마단 기간의 금식

이슬람 지역에서 사용하는 이슬람력은 1년이 12개월이고, 1개월은 29일 또는 30일로 되어 있다. 각 달은 음력 주기로 초승달을 보며 시작해 다음 번 초승달이 뜰 때 끝난다. 이처럼 달이 차고 기우는 현상을 기초로 하여 만든 달력을 '태음력'이라고 한다. 태음력을 기준으로 하는 이슬람력은 우리가 흔히 사용하는 태양력보다 10~11일 정도 짧다. 이슬람력의 각 달 이름은 다음과 같다.

1월 무하람	7월 라잡
2월 사파르	8월 샤반
3월 라비 알 아왈	9월 라마단
4월 라비 알 타니	10월 샤우왈
5월 주마다 알 울라	11월 둘 카다
6월 주마다 알 사니야	12월 둘 히즈자

이슬람력에서 아홉 번째 달인 라마단은 매우 중요한 달이다. 무함마드에게 알라의 첫 번째 계시가 내려온 때가 라마단 달이기 때문이다. 무슬림은 라마단 달에 금식을 하면서 절제된 생활을 한다. 금식을 시작하는 정확한 시기는 달을 언제 어디에서 보는지에 따라 달라진다. 무슬림들은 각자의 고향에서 하는 것을 기준으로 삼기 때문에 라마단 금식의 시작과 끝이 조금씩 다르다. 그렇지만 30일 이상 금식할 수는 없다.

라마단 금식

라마단 기간의 금식은 건강한 성인 무슬림을 기준으로 할 때 동틀녘에 햇살이 보이기 시작하는 순간부터 해가 수평선 아래로 완전히 저물 때까지 한다. 환자, 임산부, 여행 중인 사람은 금식을 하지 않아도 되고, 그해에 못한 금식을 다음 해 라마단 기간에 보충할 수 있다. 금식을 보충할 수 없는 경우에는 라마단 기간 동안 가난한 사람에게 음식을 나눠주기도 한다. 금식을 할 때는 먹고 마시는 것이 모두 금지되고, 담배도 피워서는 안 된다. 이 기간 동안에 무슬림들은 공격적이거나 혐오감을 주는 말과 행동을 하지 않으려고 노력한다.

새벽 3시 무렵 동이 트기 전에 하는 식사인 '사후르'를 한다. 해가 완전히 지고 나면 금식이 끝난다. 짧게 기도를 한 다음, 무슬림이 오래전부터 해 왔던 대로 물과 대추야자 열매로 하루 종일 비어 있던 위와 장을 달래 준다. 하루 동안 단식을 마치고 먹는 첫 식사를 '이프타르'라고 한다. 이때에도 지나치게 많이 먹고 마시면 안 된다. 이슬람에서 라마단 금식 기간을 두는 이유는 사람들에게 정신과 신체를 조절하여 신과 자기 자신에게 집중하도록 하려는 것이다.

라마단이 다 끝나면 축제가 열린다. 라마단이 끝난 것을 기념하는 이슬람 최대 명절로 '라마단 축제'라고 하고, 아랍어로는 '이드 알 피트르'라고 한다. 아이들은 이때 선물로 달콤한 것을 많이 받기 때문에 '사탕 축제'라고도 부른다.

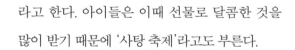

라마단 기간에 금식한 사람들은 라마단 축제를 마치고 나면 몸무게가 평균 약 3kg 불어난다고 한다.

넷째 기둥, 종교 구빈세

아랍어로 '자카르' 또는 '자카트'라고 부르는 종교 구빈세는 기부와는 다르다. 자카르는 자신의 재산이나 수입의 일부를 세금으로 내는 것을 뜻한다. 이슬람에서 돈과 재산은 섬기는 대상이 아니라 이웃을 이롭게 하는 것으로 여긴다.

국민 대부분이 무슬림인 이슬람 국가에서는 종교 구빈세가 자동으로 징수된다. 생활비를 제외한 재산의 40분의 1(2.5퍼센트)이라고 법으로 정해 놓았다. 종교 구빈세는 가난한 자, 고아, 거지, 여행자에게 쓰인다.

자진해서 하는 기부는 '사다카'라고 하는데, 응급 상황이나 재해가 일어났을 때 이루어진다. 모든 기부금과 종교 구빈세는 어려움에 놓인 사람이 자립하는 데 도움을 줄 목적으로만 쓰인다.

다섯째 기둥, 성지 순례

이슬람의 다섯 번째 기둥은 무함마드가 태어난 곳인 메카를 순례하는 것이다. 이것을 '하즈'라고 한다. 이슬람력의 마지막 달인 둘 히즈자 달은 '순례의 달'이라고 하는데, 순례는 이 달 8일부터 12일에한다.

　　모든 무슬림은 일생 동안 적어도 한 번은 메카를 순례하려고 노력해야 한다. 이때 몇 가지 중요한 조건이 있다. 순례를 떠나기로 결심한 사람은 먼저 집안을 평화롭고 질서 있게 정리해야 한다. 빚이 남아 있어도 안 되고, 순례를 하겠다고 빚을 져서도 안 된다. 순례자는 떠나기 전에 다툼을 해결하고 평화롭게 떠나야 하며, 가족을 부양하는 데 아무 문제가 없어야 한다. 또한 순례 도중에 되돌아오지 않겠다는 각오를 해야 한다.

　　메카는 사우디아라비아 서쪽에 있는 도시다. 메카에 있는 이슬람 중앙 신전을 '카바'라고 하며, 이곳이 순례의 목적지다. 카바는 마스지드 알 하람 사원의 안뜰에 있다. 마스지드 알 하람 사원은 '신성한 사원'이라는 뜻이고, 세계에서 가장 크고 중요한 이슬람 사원이다.

　　카바는 정사각형 모양의 검은색 건물로 이슬람이 생기기 전부터 아랍 사람들이 여러 신을 숭배하던 곳이었다. 이슬람에서는 카바를 원래 아담이 세웠다고 한다. 그 뒤에 카바는 사람들에게 오랫동안 잊

성지 순례

하즈의 첫 번째 순례지는 미카트이다.
미카트는 메카를 중심으로 여러 개가 있다. 이곳에서부터 순례자들은
종교 복장을 입고 이흐람 상태가 되어야 한다. 이흐람은 순례자가
순례를 마칠 때까지 유지해야 하는 정결한 상태를 말한다.
이흐람의 조건은 다음과 같다.

1. 세정식

2. 이흐람 예복

여성용 이흐람 예복

바느질을 하지 않은 흰색 천 두 조각으
로 되어 있다. 평범하고 간편하며 실용
적이고 소박한 옷을 입고, 자
신의 사회적 위치와 재
산이 드러나지 않게
하고 몸을 가려야 한
다. 얼굴과 손은 가
리지 않아도 된다.

남성용 이흐람 예복

여성용과 마찬가지로 바느질하지 않은 흰색 천 두 개로 되어 있고, 핀이
나 허리띠로 고정한다. 걷고, 예배하고, 앉았다 일어났다 하는 전체 순례
과정 동안 천이 풀어지지 않도록 동여매는 특별한 요령이 있다. 남성은 이
천 외에 다른 옷은 입지 않는다. 심지어 속옷도 입지 않는다.
신발은 복사뼈를 덮지 않게 이음매가 없는 것을 신는다.

이흐람 상태일 때 하지 말아야 할 엄격한 행동 지침들이 있다. 이를 지키지 않으면 이흐람 상태는 중단되고 순례는
무효가 된다. 하지만 허용되는 것도 있다.

허용되지 않는 것:

허용되는 것:

향기 없는 비누

혔다가 신으로부터 카바를 다시 세우라는 계시를 받고 선지자 이브라힘(성경의 아브라함)과 그의 아들 이스마일(성경의 이스마엘)이 다시 세웠다. 무함마드가 카바 신전에 있던 우상들을 없애 버림으로써 이전 선지자들이 받았던 계시를 이어갔다. 카바는 오늘날까지도 '알라의 집'이라고 불린다.

메카에 온 순례자들은 자신의 신분을 드러내지 않는다. 모두 똑같이 입는 것이 원칙이다. 남성은 이음매가 없는 하얀 천 두 개를 두르고 여성 역시 폭이 넓은 옷을 입고 천을 두른다. 순례 동안에는 얼굴에 베일을 쓰면 안 된다. 또한 손톱이나 머리카락을 자르지 못하고, 남자들은 면도를 하지 않는다. 성관계나 욕설, 흡연, 향수도 금지된다. 순례자들은 이 모든 사항들을 지키고, 그 상태를 유지해야 한다. 이런 상태를 '이흐람'이라고 한다.

순례자들을 의복을 갖추고 예배를 드리기 위해 마음을 정결하게 가다듬고 메카로 들어가는데, 메카로 들어가기 전에 성지 순례의 출발점인 '미카트'를 거친다. 이때 순례자는 다음과 같은 특별 기도를 한다.

"제가 이곳에 있습니다, 오 알라여, 제가 이곳에 있습니다. 제가 이곳에 있고, 당신과 대등한 것은 아무것도, 그 누구도 없습니다. 영광과 인자와 권세가 당신에게 있습니다. 당신과 대등한 것은 아무것도, 그 누구도 없습니다."

순례자는 카바에 도착하면 시계 반대 방향으로 카바 주위를 일곱 번 돈다. 그 다음으로 순례자들은 '사파'와 '마르와'라는 두 언덕 사이를 달린다. 이는 사막에 버려진 이브라힘의 아내 하갈이 자신과 아들 이스마

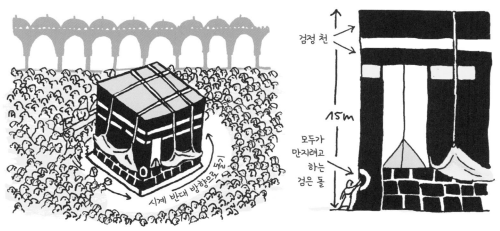

검정 천

15m

모두가
만지려고
하는
검은 돌

1. 남성과 여성이 여기서 함께 기도한다.
전 세계 무슬림들이 카바를 향해 기도한다.

시계 반대 방향으로

카바는 이브라힘이 돌로
세운 건물이다.

2.

사파

7회

마르와

잠잠 우물

3.

미나 계곡을 향해 순례

미나 계곡에 거대한 천막촌이 있다.

일을 위해 마실 물을 찾으려고 언덕을 헤맨 것을 떠올리게 한다. 이브라힘의 아내가 했던 것처럼 순례자들도 실제로 이 언덕을 빠른 걸음으로 일곱 번 오르내려야 한다. 노약자나 환자들은 다른 사람들의 도움을 받아 들것에 실리거나 휠체어를 타고 두 언덕을 오르내린다.

순례를 마치면 순례자들은 카바 근처에 있는 잠잠 우물에 가서 물을 병에 받아 집으로 가져간다. 하갈과 이스마일이 사막에서 목말라 죽어가고 있을 때 이스마일 발 밑에서 갑자기 샘물이 솟아올랐는데, 그 샘물이 잠잠 우물이 되었다고 한다.

그 다음으로 순례자들은 미나 천막촌을 지나 아라파트 산으로 간다. 아라파트 산에서 '신 앞에 서는 의식'을 치른다. 이 날은 금식을 하고, 하루 종일 명상과 기도를 하며 정숙하게 지내야 한다. 해가 지고 나면 순례자들은 무즈달리파 돌산으로 가서 자갈을 주워 모은다. 무즈달리파 돌산과 미나 천막촌 사이에 있는 계곡을 건너 사탄을 상징하는 기둥에 이 자갈을 던진다. 사탄은 세상 모든 악의 근원이며, 알라와 인간 사이에 다툼을 일으킨다.

하즈의 절정은 동물을 제물로 바치는 희생제다. 희생제는 아랍어로 '이드 알 아드하'라고 한다. 순례자뿐 아니라 전 세계 무슬림들도 희생제에 동참한다. 이 축제는 자기 아들을 제물로 바치려고 했던 이브라힘과 그의 믿음을 기리기 위한 것이다.

조금 다르지만 이 이야기는 코란뿐 아니라 성경에도 실려 있다. 코란에서는 이브라힘이 꿈에서 신으로부터 아들 이스마일을 제물로 바치라는 명령을 받는다(성경에는 아브라함의 둘째 아들 이삭의 이야기로 기록되

둘 히즈자 아홉째 날

1.

차로 이동

아라파트 산(지은 죄를 용서받는 산)에서
기도한다.

도보로 이동

2. 무즈달리파에서는 야외에서 밤을 보낸다.

둘 히즈자 열째 날

1. 자갈 모으기

도보로 이동

2. 미나

"악마여 물러가라"
"악마여 물러가라"

악귀 돌기둥에 자갈 던지기

3.

희생 제물 바치기

이 날 하루 동안
전 세계 무슬림들이 희생제를 치른다.

4. 새로운 삶을 시작한다는 뜻으로 머리카락을 자른다.

남성은 머리 전체와 수염을 민다.

여성은 머리카락 한 가닥을 자른다.

순례와 이흐람이 끝난다.

순례를 마치면 남성은 '하지',
여성은 '하지야'란 칭호를 얻는다.

미카트
메카
미나
아라파트
무즈달리파

어 있다). 이브라힘이 이스마일에게 그 꿈을 이야기하자 이스마일은 신의 뜻에 따르겠다고 한다. 이스마일이 제물로 희생되기 직전, 신은 이를 가로막고 이브라힘에게 아들 대신 짐승을 제물로 바치라고 한다. 이로써 신은 인간을 제물로 받지 않는다는 것을 분명히 나타냈다.

순례자들은 다시 메카로 돌아와 카바를 도는 것으로 순례를 마친다. 그리고 이제부터 새로운 삶을 시작한다는 뜻으로 남성은 머리를 짧게 밀고, 여성은 머리 한 가닥을 자른다. 순례를 마친 남성은 '하지', 여성은 '하지야'라는 칭호를 받는다.

Allahu akbar

3. 모스크에는 무엇이 있을까?

미나레트

모스크, 무슬림 공동체의 집

모스크는 이슬람의 예배당이다. 아랍어로 '마스지드'라고 하는데, '인간이 엎드리는 곳'이라는 뜻이다. 모스크는 영적인 삶의 중심이 되는 장소이지만, 기독교의 교회와는 달리 모스크 자체를 신성하게 여기지는 않는다. 모스크는 신자들이 모이는 장소일 뿐이다. 사람들은 모스크에서 기도만 하는 것이 아니라 강의도 듣고, 신자들의 소식을 알리기도 한다. 예배당이라기보다 오히려 신자들의 커뮤니티 센터에 가깝다.

모스크 건축에는 전통적인 요소들이 있다. 이를 테면 뾰족한 첨탑인 미나레트, 둥근 지붕, 천장이 높은 예배당, 우물이 있는 안뜰 등이다. 이슬람이 점차 전 세계로 퍼져 나가면서 주변 건축물과 조화를 이루려다 보니 전통적인 요소가 줄

사원에 들어갈 때는
오른발부터 들어가고,
나갈 때는 왼발부터 나간다.

41

어들고 시대와 장소에 적합한 건축이 중시되었다.

모스크에 들어섰을 때 가장 먼저 눈길이 가는 것은 벽면에 오목하게 패여 있는 미흐라브다. 미흐라브는 메카가 있는 방향에 만든다. 예배 인도자는 거기에 서서 소리 내어 기도한다. 미흐라브는 안쪽으로 오목하게 들어가 있어 기도문 소리가 잘 퍼져나간다. 오늘날에는 종종 마이크를 써서 밖에서도 기도문이 잘 들리기도 한다.

모스크 바닥은 양탄자로 덮여 있다. 양탄자 역시 메카를 향해 놓으며 신발을 신고 올라가서는 안 된다. 기도하는 곳은 항상 깨끗해야 한다. 기도 장소가 더러워지면 기도의 효과가 없다고 여기기 때문이다.

모스크에는 입구가 여러 개인 경우가 많다. 여자들은 여성 전용 기도실이나 여성 전용 발코니가 있는 입구를 통해 남자들과는 다른 통로로 모스크에 들어간다. 신자들은 한 줄로 나란히 서는데, 누구에게도 특권이 주어져서는 안 된다. 고위 정치인이나 유명 인사를 위한 특별한 자리는 없다.

무슬림들이 기도하는 것을 구경하고 싶거나 모스크 내부를 둘러보고 싶은 방문객도 모스크에 들어갈 수 있다. 모스크에 따라 무슬림이 아닌 여성 방문자에게 머리에 천을 쓰라고 하는 곳도 있다.

기도실 한쪽에는 높게 올린 자리가 두 개 있다. 하나는 '민바르'라고 부르는 설교단이다. 종교 지도자가 여기에서 금요 예배를 이끈다. 다른 하나는 '쿠르시'라고 하는 낭독대이다. 낭독하는 사람이 보기 좋게 코란을 받쳐 놓는다.

모스크는 매일 예배 시간을 알리는데, 이것을 '아잔'이라고 한다. 아잔은 모스크 직원이나 목소리가 좋고 코란을 잘 아는 사람에게 맡겨진다. 보통 미나레트에 올라가서 알리지만 예배당에서 알리기도 한다. 오늘날 이슬람 국가들에서는 확성기로 알리기도 한다.

대부분의 모스크는 하루 종일 열려 있고, 누구나 자유롭게 드나들 수 있다. 모스크 주변에는 사람들이 늘 북적이므로 자연스럽게 상점들이 들어선다. 주로 채소 가게, 이슬람 의식으로 도축한 고기를 파는 할랄 정육점, 옷과 생필품을 파는 가게들이다.

이슬람에서 가장 중요하게 여기는 모스크와 성지는 세 곳이다. 첫째는 무함마드가 태어난 도시이자 카바 신전이 있는 메카의 마스지드 알 하람 모스크이다. 둘째는 메디나에 있는 '선지자의 모스크'다. 메디나는 무함마드가 숨을 거둔 곳이고, 모스크가 처음 세워진 곳이다. 셋째는 예루살렘에 있는 알 아크사 모스크이다. 이 근처에서 무함마드가 밤중에 천국을 다녀왔다고 한다.

비이슬람 지역의 모스크

오늘날에는 무슬림이 전 세계로 나아가면서 세계 곳곳에 모스크가 생기고 있다. 모스크는 무슬림들이 이슬람 문화권이 아닌 곳에 살면서도 다른 무슬림들과 만날 수 있는 곳이므로 정신적 고향 역할을 해 오고 있다.

하지만 세계의 많은 지역에서 모스크 건축을 두고 논쟁을 벌이면서 그 지역 사람들로 하여금 무슬림을 반기지 않도록 분위기를 몰아갔다. 모스크 건축을 반대하는 사람들은 지역 주민들이 가지고 있는 이슬람에 대한 막연한 불안과 의심을 이용해, 무슬림은 '슬그머니 들어와 포교하려는 사람'이라고 말한다. 무슬림들이 그 지역 사람들에게 이슬람을 믿도록 설득해 마침내 나라 전체를 이슬람 국가로 만들려고 한다는 인식을 퍼뜨려서 무슬림을 경계하게 만든다.

모스크 건축을 반대하는 사람들은 모스크가 도시 경관에 어울리지 않는다고도 주장한다. 그러나 이미 모스크 건축물이 있는 세계의 여러 도시에서 모스크 때문에 도시 경관이 망가진다는 우려가 현실로 드러난 적은 없다.

이맘, 종교 지도자

모스크에서 예배를 이끄는 사람을 '이맘'이라고 한다. 이맘은 아랍어로 '모범,' '본보기'라는 뜻을 갖고 있다. 초기 이슬람에서는 코란을 가장 잘 낭송하고 예배가 어떻게 진행되는지 잘 아는 사람이 이맘 역할을 맡았다. 따라서 이맘이 되는 데에는 가톨릭의 사제나 개신교의 목사처럼 특별한 훈련이 필요하지 않았다.

이맘은 예배를 이끌고, 금요 예배 같은 때에 코란을 풀이하고 설명해 주는 역할도 한다. 틈틈이 출생, 할례, 결혼, 장례 때에 기도를 해 주는 것도 이맘의 일이다.

이런 일을 하려면 이맘에게는 종교적인 지식뿐 아니라 사람을 보는 안목과 공감하는 능력이 있어야 한다.

여성 이맘도 있을까?

물론 있다. 여성 이맘은 여성들을 지도하는지, 여성들의 예배를 이끄는지, 남녀 공동체를 지도하는지, 남녀 예배를 이끄는지에 따라 네 단계로 구별된다.

여성이 여성 예배를 이끄는 것에 대해 이슬람 대부분의 공동체는 의견의 일치를 본다. 그러나 여성이 그 이상의 권한을 갖는 것에는 거부감을 갖는다. 코란에는 여성이 예배를 이끄는 것에 대한 내용이 없다. 다만, 이런 구절은 있다.

"나는 그 땅에서 학대 받은 자들에게 은혜를 베풀어 그들이 신앙의 지도자가 되게 하고, 또 그들이 후계자가 되게 하였노라."(28:5)

오늘날 이슬람 국가의 여성들이 여전히 남성들과 동등한 권리를 보장받지 못하고 있는데, 만약 이 구절을 남녀 무슬림 모두에게 적용한다면 앞으로 매우 의미 있는 일이 될 것이다.

비록 남녀 모두를 위한 여성 이맘은 지금까지 없었지만, 그렇다고 여성 이맘이 완전히 금지되었다고 하기는 어렵다. 무함마드의 동료인 움 와라카가 여성으로서 이미 이맘의 역할을 한 적이 있다. 움 와라카는 코란을 잘 알고 있고, 심지어 외울 수도 있었다. 무함마드가 움 와라카에게 직접 자기 집에 있는 사람들을 위해 예배 인도를 부탁하기도 했는데, 그 집에 여자만 있는 건 아니었다.

이슬람에서 여성 이맘을 반대하는 데는 여러 가지 논리가 있다. 무슬림 대다수가 여성들이 이런 역할을 맡는 것 자체가 근본적으로 맞지 않다고 생각한다. 여성 이맘을 예배 인도자로 세웠다가는 이슬람 공동체

가 흔들릴 거라고 두려워하는 사람들도 있다. 무슬림 여성들 스스로도 남자들 앞에서 바짝 엎드린 자세로 예배를 드려야 하는 것이 싫어 이맘이 되는 것을 꺼린다.

이 문제를 해결하기 위해서는 남녀 무슬림이 반드시 객관적인 시각으로 토론할 수 있어야만 한다. 이맘이 된다는 건 어떤 여자아이나 여성에게는 정말 추구할 만한 가치가 있는 일이고, 공동체에서 자신의 능력을 발휘하고 싶은 소망에 따른 것이다. 따라서 공동체 안에서 누구나 자유롭게 의사를 결정할 수 있도록 기반을 마련해야 한다.

코란은 학교에서 무엇을 배울까?

아이들과 청소년은 다양한 영역에서 이슬람을 학습한다. 가정은 종교를 배우는 첫 번째 영역이다. 무슬림 가정은 이슬람의 계율을 지키고 금기 사항을 범하지 않는 종교적인 생활을 함으로써 아이들에게 이슬람을 가르친다. 또한 아이들은 어려서부터 집에서 기도와 금식을 하고 세정식 같은 의식을 익힌다.

두 번째 영역은 학교이다. 학교에서는 종교 수업이 이루어지는데, 여기에서 가장 중요하게 여기는 것은 종교와 신앙 고백에 대한 지식을 가르치는 것이다.

종교적인 생활규범을 배우는 세 번째 영역은 모스크이다. 아이들은 학교가 끝난 오후나 주말에 모스크를 찾아, 이맘 또는 전문가가 진행하는 코란 수업에 참가한다. 코란 수업은 주로 코란 낭독을 말한다. 코란 수업은 남자아이들과 여자아이들이 따로 받는다. 여자아이들이 받는 수업은 고급 신학 교육을 받은 여성이 진행한다.

수업은 어느 이슬람 공동체에서나 비슷하게 진행된다. 학생들은 바닥에 앉고, 가르치는 사람은 학생들 앞에 앉거나 학생들이 둘러앉은 자리에 함께 앉는다. 그 다음 학생들이 코란에서 배우기로 한 장이나 구절들을 함께 읽으면, 교사가 발음을 교정해 주고 아랍어의 알파벳과 각 음절의 발음을 가르쳐 준다.

또한 코란 구절 전체를 낭독하면서 연습하기도 한다. 연습이 끝나면 그날 낭독한 내용을 두고 짧게 이야기한다. 이때 배우는 코란 구절과 장은 하루 다섯 번의 예배에 필요한 것이다. 그 밖에도 일상에서 자주 쓰이는 다양한 소원 기도를 배운다.

이슬람 지역이 아닌 곳에서는 코란 수업을 할 때에는 수업에 들어오는 가장 많은 공동체 구성원의 언어로 진행한다. 이슬람 국가가 아닌 나라에 사는 어린 무슬림들은 아랍어보다 그 나라 언어를 더 잘 이해하기 때문이다. 그리고 그 나라에서 태어난 무슬림은 그 나라가 고향이기도 하므로, 이들이 그 나라의 언어로 이웃에게 자신들의 신앙을 설명할 수 있게 하는 것도 의미 있는 일이라고 여긴다.

4. 코란은 어떻게 만들어졌을까?

코란은 알라의 언약

이슬람에 따르면, 알라는 스스로 자신을 나타낸다. 알라는 인간에게 자신을 반복해서 나타내는데 이를 '계시'라고 한다. 알라는 선택받은 사람에게 여러 가지 방식으로 자신을 나타낸다. 이를테면 꿈이나 안개 속에서 이야기하는 것처럼 서로 대면하지 않는 방법이 있는데, 모세는 불타는 가시떨기 나무를 통해 계시를 받았다. 또 기독교인이 믿는 것처럼 신이 인간이 되어 신의 아들 예수의 모습으로 나타나기도 한다. 신이 살과 피를 가진 인간이 되었다는 것이다. 그렇지만 유대인들은 신이 사람의 모습을 하고 자신을 나타낼 리가 없으며, 신은 모세에게 십계명을 보내 자신을 나타냈다고 믿는다.

무슬림들은 알라가 무함마드에게 거룩한 소식을 전하는 계시의 천사인 지브릴 천사(성경의 가브리엘 천사)를 보내 자신을 나타냈다고 믿는다. 무함마드는 '메카'와 '메디나'라는 도시에서 610년부터 632년까지 22년에 걸쳐 알라의 계시를 받았다. 계시의 형태는 기독교와 매우 다르다. 기독교에서 신의 계시는 '인간이 된 하나님'의 형태라면, 이슬람과 유대교는 '언약이 된 신'의 형태이다.

무함마드는 '히라'라는 동굴에서 첫 번째 계시를 받았다. 이븐 이샤크는 8세기 아라비아의 역사학자이자 전승학자로, 선지자들의 전기를 쓴《선지자의 삶》이라는 책을 남겼다. 이 책에 다음과 같은 글이 실려 있다.

"알라가 무함마드를 존중하고 그를 통해 사람들에게 자비를 베풀고자 하실 때에, 그것을 선지자 무리들에게 생생한 꿈으로 먼저 보이셨다. 그 꿈은 항상 새벽 미명처럼 자는 중에 찾아왔다. 또한 알라가 그로 하여금 고독함을 소중히 여기게 하시자, 그는 곧바로 혼자 있는 것을 가장 좋아하게 되었다."

무함마드는 메카 변두리에 있는 이 동굴에서 항상 고독하게 있으려 했다고 한다. 어느 날 그는 아내 카디자에게 이런 이야기를 들려주었다. 거대한 형상이 하나 나타나서 자기 말을 따르라하고 명령했다는 것이다. 나중에 이 형상은 자신을 지브릴 천사라고 소개했다. 지브릴 천사가 나타났을 때, 무함마드는 동굴에 앉아 명상을 하고 있었다고 한다. 지브릴 천사는 무함마드에게 무엇인가를 크게 읽으라고 세 번 명령했다. 무함마드는 글을 읽을 줄도 쓸 줄도 몰랐지만, 그 순간 갑자기 글을 읽을 수 있게 되었다. 그가 크게 읽어야 했던 글은 다음과 같다.

1. 만물을 창조하신 주님의 이름으로 읽어라.
2. 그 분은 한 방울의 정액으로 인간을 창조하셨느니라.
3. 가장 자비로우신 그대 주님의 이름으로 읽어라.
4. 그 분께서는 연필로 쓰는 것을 가르쳐 주시고,
5. 인간이 알지 못하는 것도 가르쳐 주시느니라.

코란 96장 첫 부분에 실려 있는 이 다섯 문장이 무함마드가 알라에게 받은 첫 번째 계시이다. 이렇게 해서 아라비아 반도 사람들이 여러 신을 섬기고 있을 때 무함마드는 알라로부터 선택받게 되었다. 당시 메카는 상업도시였으며 온갖 다신교 숭배 문화의 중심지였다. 카바 안팎에는 300개가 넘는 우상들이 있었다. 그때도 사람들은 카바를 돌면서 제각각 자신의 신을 찬양했다. 또한 신에게 동물을 제물로 바쳤는데, 이 또한 오늘날 순례 마지막에 하는 '희생제'로 남아 있다.

무함마드가 전해야 했던 알라의 계시는 간단하지만 매우 위험한 것이었다. 여러 신을 믿는 것이 당연하게 여겨지던 때에 여러 신을 섬기는 것을 그만두고 오직 알라만을 섬기라고 말해야 했기 때문이다.

무함마드는 또 부의 공평한 분배를 통해 여러 집단에 권리가 골고루 돌아가게 하라는 임무를 받았다. 그 안에는 고아에게 더 많은 복지를 제공하고, 여성을 한 사람으로 존중해야 한다는 내용이 있었다. 이 권리에는 여성이 재산을 소유하고 상속하도록 허용하는 것도 포함된다. 남성 지배적인 사회인 당시에는 여자 아기가 태어나면 곧바로 죽이는 풍속이 흔했는데, 이것도 없애야 했다. 또한 동물에 대해서도 존중하는 마음을 가져야 했다. 이렇게 많은 것들이 공정하게 바뀌어야 했고, 사람들은 서로 돕고 배려하며 살아가도록 가르침을 전해야 했다. 무엇보다 신이 인간에게 경고하기 위해 보낸 마지막 사도가 무함마드임을 믿도록 해야 했다.

무함마드는 가장 친한 동료들에게 지브릴 천사에게 받은 계시를 들려주었다. 이들은 무함마드에게 들은 내용을 모두 기록했다. 무함마드가 죽고 나서 몇 년 뒤에 동료들은 이 기록을 새롭게 정리하여 책으로 펴냈다. 이 책이 이슬람의 경전, 코란이다. 무슬림에게 코란은 알라가 직접 전해 준 말이므로 알라의 말씀이고, 의심의 여지가 없는 것이다.

코란의 장과 절

코란은 30편 114장이며, 각 장은 절로 이루어졌다. 첫 번째 장은 '개경장'이라고 하는데, 가장 자주 암송되고, 매일 다섯 번 하는 예배 때 나온다. 개경장은 다음과 같다.

1. 은혜로우시고, 자비로우신 알라의 이름으로
2. 온 누리의 주님이신 알라께 찬양을 드립니다.
3. 그 분은 은혜로우시고 자비로우시며
4. 심판의 날을 주관하는 분이십니다.
5. 우리는 오직 당신만을 경배하오며 당신에게만 구원을 간구하오니
6. 저희들을 바른 길로 인도하여 주소서.
7. 당신께서 은총을 내리시고 노여움을 받은 자들이나 방황하는 자

들이 걷지 않는 가장 올바른 길로 인도하여 주소서.

코란을 완전히 외워서 낭독하는 것을 이슬람 문화권에서는 매우 특별한 능력으로 여긴다. 이런 전문가들은 정통한 사람이라는 뜻의 '하피스'라는 존칭을 얻는다. 무슬림들은 코란 구절을 더 많이 외우기 위해 어릴 때부터 일찌감치 암송을 시작한다.

무엇을 할 수 있고, 무엇을 하지 말아야 할까?
- 계율과 금지 사항

코란은 주로 '무엇을 하지 말라'는 금지 사항을 기록한 책이라고 할 수 있다. 계율을 지킨다는 것은 곧 할 수 있는 일들을 많이 제한한다는 의미이므로, '무엇을 하라'는 계율 역시 '무엇을 하지 말라'라는 금지 사항으로 이해된다. 그렇다면 정확히 금지 사항은 무엇이고, 계율은 무엇일까?

금지 사항은 어떤 것을 하지 말라고 강하게 요구하는 것이다. 모든 이슬람 공동체는 금지 사항을 규칙과 명령, 법으로 세세하게 정하고 있다. 금지 사항을 위반하면 대부분 벌이 따른다.

계율은 어떤 행동이나 사항을 의무적으로 지킬 것을 요구하는 것이다. 계율을 지키지 않는다고 해서 벌을 받지는 않는다. 사실 코란에는 계율이 금지 사항보다 훨씬 많다.

금지 사항, 죽음에 이르는 일곱 가지 죄

무함마드는 죽음에 이르는 일곱 가지 죄가 있다고 말했다. 일곱 가지 죄
는 다음과 같다.

1. 쉬르크(어떤 것을 알라와 나란히 놓는 행위)

2. 속임수

3. 합당한 이유 없이 영혼을 죽이는 것

4. 고리대금

5. 고아의 재산을 부당하게 차지하는 것

6. 전투 중 탈영

7. 알라를 믿는 무고하고 순진한 여성을 비방하는 것

코란에서 가장 중요한 것은 유일신의 법칙이다. 알라를 차선으로 제
쳐 두는 행위인 쉬르크는 엄격한 금지 사항이다. 이 행위는 알라를 거역
하는 것이기 때문에 곧바로 처벌을 받는다. 알라의 창조물에 대한 범죄
역시 금지 사항이다. 이중에서 가장 무거운 죄는 살인이다. 그렇지만 코
란에서는 범행 당사자가 피해를 배상하면 피해자 또는 유가족의 용서
를 통해서 처벌을 면할 수 있다는 점도 분명히 밝히고 있다.

계율 위반, 처벌은 없지만 신뢰를 잃는다

코란에서 스스로를 지키고, 서로 보호하며, 본질적으로는 선과 악을 분
별하라는 지시는 무슬림에게 중요한 계율로 여겨진다. 알라의 계율 중

에는 부모를 어떻게 대하고, 무슬림이 아닌 사람들에게 어떻게 행동해야 하는지 나와 있는데, 예를 들면 다음과 같다.

"알라를 경배하되 다른 것과 비유하지 말라. 또한 부모에게 효도하고, 친척과 고아와 불쌍한 사람들과 친척이 아닌 이웃과 주변의 동료와 방랑자와 너희의 오른손이 소유하고 있는 자들에게 자선을 베풀라. 하나님은 오만하고 거만한 자들을 사랑하지 아니하시니라."(4:36)

여기에서 '너희의 오른손이 소유하고 있는 자'는 종, 하녀, 전쟁포로를 말한다. 이러한 계율을 지키지 않는다고 해서 처벌받는 것은 아니다. 다만 공동체 안에서 신뢰를 잃게 된다. 보통 종교적인 권장 사항은 공동체에서 오랜 전통으로 자리 잡았기 때문에 금지 사항 또는 계율로 여겨지기도 한다. 하지만 코란은 모든 사람에게 스스로 생각하고 결정하라고 한다. 단지 특정한 규정을 밝혀 두어 사람들이 어떤 선택을 할 때 참고하게 할 뿐이다. 이렇게 해서 코란을 통해 사람들에게 이로운 규정이 만들어졌다.

- 정직해야 한다.
- 모든 일에 분수를 지킨다.
- 좋은 것과 나쁜 것을 식별하고, 필요에 따라서는 이 둘을 신중히 검토한다.
- 문제 상황에서 악한 것을 분별해 낸다.
- 강요하는 것을 피한다.
- 소속된 단체의 모든 구성원을 위해 삶의 기반을 보장한다.

- 특권이나 서열(우선권)을 만들지 않는다.
- 삶의 기반이 되는 것을 존중하고 돌본다. 자연에 대해서도 마찬가지이다.

이 규정은 무슬림 사이에서만이 아니라 무슬림이 아닌 사람들과도 평화롭게 지내기 위해 정한 것으로, 전 세계 여러 나라에서 그 나라 상황에 맞게 바뀔 수 있다. 이는 신앙심이 깊은 무슬림이라면 어느 나라에서나 큰 갈등 없이 살 수 있다는 것을 보여주는 예이다.

할랄은 무엇일까? - 음식 규제

아랍어로 할랄은 '허용할 수 있는'이라는 뜻이다. 이슬람은 식생활에 관한 금기 사항을 두고 있는데, 할랄은 무슬림의 생활 규율과 관련이 있지만, 주로 무슬림에게 허용되는 음식을 가리킨다.

인간이 음식으로 활용해 온 동식물은 오래전부터 자기가 사는 지역에서 쉽게 얻을 수 있는 것이어야 했다. 이러한 식생활 문화는 그 지역의 전통이 되어 오늘날에도 이어져 내려오고 있다. 예를 들어 무함마드가 살던 시절에 대추야자 열매는 먹기에 간편하고 쉽게 얻을 수 있는 값싼 식품이었다. 오늘날까지도 무슬림 사이에서는 금식이 끝날 때 대추야자 열매를 먹는 전통이 이어지고 있다.

무슬림은 왜 돼지고기를 먹지 않을까?

문명이 발달함에 따라 인간은 야생 동물을 길들여 생활에 이롭게 이용하기 시작했다. 야생 동물을 잡아 가축으로 기르거나 젖을 짜서 마시고 털가죽을 이용했다. 그러면서 무슨 동물이 자신들의 생활권 가까이 있는지, 먹이를 많이 먹는지 적게 먹는지, 기르는 데 돈이나 시간이 많이 드는지, 얼마나 활용할 수 있는지 따져 보게 되었다.

예를 들면, 돼지에게서는 고기만 얻을 수 있고 젖이나 털가죽은 얻을 수 없다. 수레를 끌거나 짐을 나르는 데에도 사용할 수도 없다. 이런 까닭에 어떤 지역에서는 돼지가 가치를 인정받기 어렵게 되었다. 돼지뿐만 아니라 모든 가축에 제각각 가치를 매기게 되었고, 이것은 시간이 흐르면서 그 지역의 특징이 되었다. 어떤 지역은 돼지를 먹지 않고, 어떤 지역은 소를 먹지 않는 식으로 말이다. 이것이 오랫동안 이어져 내려오면 어떤 동물은 깨끗한 존재로 여겨지고, 어떤 동물은 불결한 존재로 여겨지게 된다.

종교마다 특정 동물들에 대한 규제의 정도가 다르다. 이슬람, 유대교, 힌두교는 비교적 강하게 규제하고 있고, 기독교를 비롯한 다른 종교들은 비교적 규제가 가볍다. 이슬람에서 특히 돼지고기 소비를 금지하는 데에 다음과 같은 배경이 있다.

- 돼지는 불결한 동물이다.
- 덥고 비가 적게 오는 지역에서는 돼지고기는 다른 육류보다 빨리 부패해 병을 퍼뜨린다.

- 돼지고기 금지령을 내림으로써 여러 신을 섬기면서 돼지를 희생제의 제물로 바치는 민족과 거리를 두려고 했다.
- 유대인도 돼지고기를 금지하는데, 무슬림이 이를 물려받았다.

이와 같은 배경이 있지만, 대부분의 무슬림은 코란에 기록되어 있는 내용을 그대로 따를 뿐이다. 코란에 "너희에게 허락되지 아니한 것이 있으니 죽은 고기와 피와 돼지고기와 하나님의 이름으로 잡은 고기가 아닌 것과"(5:3)라고 실려 있다. 돼지는 코란에서 음식 규정과 관련해서 분명히 밝힌 유일한 동물이다. 그렇지만 왜 돼지고기를 먹어서는 안 되는지는 쓰여 있지 않다.

돼지고기 외에 무슬림에게 엄격하게 금지되는 것이 술을 비롯한 중독성 음료이다. 단, 술을 약으로 쓰는 경우는 허용한다.

한편 코란에는 안심하고 먹어도 되는 것도 적혀 있다. 예를 들면 바다에서 나는 모든 것이다. 먹어도 좋은 음식 중에서 곡식, 올리브, 석류, 우유, 포도, 꿀은 특별히 강조하기도 했다.

무슬림의 음식 규제에 대한 내용은 코란에 대략적으로 기록되어 있는데, 나중에 학자들이 다음과 같이 규율로 정리하였다. 이 규율은 유대교의 규율과 매우 비슷하지만, 그만큼 광범위하고 명료하지는 않다.

- 무슬림은 돼지고기 외에도 맹수의 고기를 먹으면 안 된다.
- 알라 외에 다른 신에게 바쳤던 동물의 고기는 먹지 않는다.
- 도살되지 않고, 사냥에서 죽었거나 다른 방법으로 죽은 동물의 소비

를 금지한다.

도살 의식을 토대로 한 육류 규정

이슬람 사회에서 육류에 관한 규정은 도살 의식을 토대로 한다. 무슬림이 정결하고 먹을 수 있는 것, 즉 할랄로 허용된 고기를 먹으려면 특별한 방법으로 도살해야 한다. 동물을 도살할 때는 목을 단칼에 잘라 피가 완전히 흘러나오게 해야 한다. 코란은 피가 있는 음식을 허용하지 않기 때문이다. 이 외에도 동물을 인도적으로 도축하는 것과 고통스럽지 않게 도축하는 것도 할랄의 개념에 속한다.

나라마다 동물을 도살하는 방법이 다르다 보니 이슬람권 밖에 사는 무슬림은 할랄 고기를 구하기가 쉽지 않아 이슬람 국가에서 할랄 고기를 수입하기도 한다.

한편 오늘날 무슬림은 과거에 없던 식료품이 시장에 나오면서 새로운 문제에 맞닥뜨렸다. 이를테면 젤리를 먹어도 되는지에 대한 문제이다. 젤리를 만드는 데 사용되는 젤라틴은 끈적끈적한 성분으로 음식을 걸쭉하게 하고 뭉치게 만드는데, 주로 돼지 뼈에서 추출하기 때문에 많은 무슬림들은 젤리를 먹으면 안 된다고 생각한다.

반면 일부 무슬림들은 젤라틴이 젤리를 만드는 과정에서 더 이상 돼지고기라 할 수 없을 정도로 동물적 성분이 변해 버렸으니 괜찮다고 주장한다. 결국 알라의 명령 중에서 무엇에 동의하고 어떤 견해를 따를지 결정하는 것은 무슬림 개인의 몫이다.

코란 주해, 코란을 이해하려는 노력

사람들은 초기 이슬람 시대부터 코란을 제대로 이해하려고 노력했다. 이를 위해 코란을 학문적으로 풀이한 것을 '코란 주해'라고 한다. 코란 주해는 코란 속의 어렵고 모호한 내용을 해석하고 설명한다. 우선 각 구절에 어떤 의미와 역사적 배경이 있는지 연구한다. 그 다음에는 의미를 연결하고, 이를 통해 전체 문장의 뜻을 해석한다.

주해에는 코란 낭독법에 대한 학문도 포함된다. 아랍어는 대부분 자음으로만 이루어지며 모음은 거의 없다. 본래의 코란 원문은 모음을 분명하게 밝히지 않았기 때문에 일곱 개의 전형적인 낭독법이 생겨났다. 낭독법은 몇 세기에 거쳐 학자들에 의해 체계적으로 정리되었다. 코란은 알라의 고유한 말이므로 학자들은 하나의 통일된 코란 원문을 정하고자 했다. 이 때문에 무슬림은 매일 다섯 번 예배할 때 코란의 내용뿐 아니라 발음까지 정확하게 하려고 노력한다.

일부 코란 주해서는 코란 원문을 우선으로 하지 않고 '하디스'에 맞추어 풀이한다. 하디스는 무함마드가 말하고 행동한 것을 기록한 책이다. 하디스는 무함마드 선지자에 대한 이야기를 통해 코란 구절을 설명하는데, 코란에 대한 하디스의 설명을 보면 처음부터 코란과 대립되는 내용이 나온다.

예를 들면 기도할 때의 자세를 들 수 있다. 코란에는 기도할 때 어떤 자세로 하라는 구체적인 묘사가 없다. 하디스는 선지자들과 동시대에 살던 여러 사람들이 선지자가 기도하는 자세를 보고 후대에 전했고, 법률학교에서 이를 분석해 각각의 기도 형태를 유추해 냈다.

한편 코란 주해를 회의적으로 보는 일부 이슬람 정통파 집단도 있다. 이들은 코란을 풀이할 때는 선지자의 이야기만을 바탕으로 해야 한다고 말한다. 하지만 이것도 그리 간단한 일이 아니다. 많은 선지자들이 한 이야기는 자신이 겪은 특정한 상황에서 비롯되었기 때문에 그의 일생을 되짚어 보고 그 이야기가 나오기까지 앞뒤 맥락을 꼼꼼하게 살펴봐야 한다.

따라서 정통파가 주장하는 대로 선지자의 이야기만으로 코란을 풀이하는 것은 각 코란 구절이 가진 의미를 크게 제한한다. 정통파를 따르는 사람들은 정통파의 코란 주해만 강하게 주장하고 다른 주해는 허용하지 않기 때문에, 사람들은 이를 '교조주의적 제약'이라고 한다.

주해의 대부분은 주로 율법 문제를 다루면서 믿는 자들이 해야 하는 것과 하지 말아야 하는 것을 분명하게 하려고 한다. 반면에 해야 할 일과 하지 말아야 할 일 같은 규칙보다는 문장에 숨은 의미와 의도를 파악하는 것이 우선이라고 여기는 사람들도 있다. 주로 개인의 신비로운 영적 체험을 중시하는 신비주의자들이 그런 태도를 보인다. 신비주의자들은 어떻게 하면 이슬람을 믿는 사람들이 신의 뜻에 가까이 갈 수 있는지를 더 중요하게 생각하고 그것을 밝히고자 한다.

코란에는 의미가 확실히 파악되는 구절도 있지만 여러 의미로 해석될 수 있는 구절도 많다. 코란 속 모든 구절의 정확한 의미는 알라만이 알 수 있는 것이기 때문이다. 따라서 시간이 흐름에 따라 코란의 내용이 이전과 달리 이해될 수 있다.

코란은 원칙적으로 모든 시대와 모든 사람을 위한 책이지만, 많은 무슬림들이 직접 코란 원문을 다룰 엄두를 내지 못한다. 이미 19세기 말부터 20세기 초에 종교적인 기초 지식이 없는 사람들도 원문과 주해를 이해할 수 있도록 코란에 수월하게 다가가게 하려는 시도가 있었다. 그런데 이 새로운 주해는 아랍어 문법이나 언어적인 부분보다 율법과 신학에 관한 부분과 관련되었기 때문에 사람들은 무슬림 사상가의 해석에 의지할 수밖에 없었다. 코란 주해는 또 이슬람 종파인 수니파와 시아파 사이에도 차이가 있다.

코란 주해는 대부분 무함마드와 그의 동료들 사이에 일어난 일을 바탕으로 내려진 계시와 관련된 내용이다. 8세기 아라비아의 역사학자이자 전승학자 이븐 이샤크는 자신이 쓴 선지자들의 전기에서 각 사건을 서술한 다음 그에 맞는 코란 구절을 인용했다. 예를 들어 무함마드가 이끄는 군대가 624년 바드르 전투에서 승리한 사건을 쓰고, 코란 8장에 있는 전리품에 관한 내용을 연결 짓는 식이다. 한편, 가장 오래되고 유명한 주해를 쓴 알 타바리는 먼저 코란 내용을 적은 다음에 그 내용이 어떻게 생겨났고 어떻게 무함마드에게 전해지게 되었는지 서술하는 방식을 사용했다.

하디스를 쓴 저자 중 한 사람인 앗 티르미디는 이슬람에서 술을 금지하게 된 내력을 설명하면서 이븐 이샤크의 전기에 실린 이야기를 인용했다. 압둘 라흐만 이븐이라는 사람이 무함마드의 친구들을 초대해서 취할 때까지 먹고 마신 후 저녁 기도를 하기 위해 예배 인도자를 앞에 세웠다. 그런데 예배 인도자마저 술에 너무 취한 나머지 코란 내용을 잘

못 낭독해서 뜻이 반대가 되어 버렸다. 그래서 코란에 "믿는 자들이여! 술에 취하여 예배드리러 오지 말라. 술이 다시 깰 때까지, 그리고 너희가 무엇을 말하고 있는지 분명하게 알 때까지……."(4:43)라는 계시가 나오게 되었다는 것이다.

이슬람에서는 코란 절을 편집하거나 삭제할 수 있는 전통이 있다. 보통 무슬림들은 코란에 나오는 내용이 영원히 유효하며 수정하거나 거부해서는 안 된다고 여기지만 다른 절의 내용과 모순되는 경우는 수정되기도 하였다. 또한 기존 내용에 새로운 내용이 덧붙여지기도 하는데, 이때는 새로운 내용이 기존 내용의 효력을 없애거나 강화한다.

예를 들어 술을 금지하는 코란의 구절을 보면 맨 처음 나온 것은 술이 악하지만 이따금 이로운 점도 있다는 내용이다. 그 다음에는 위의 앗티르미디가 인용한 이야기에서처럼 술에 취한 채 예배하러 오지 말라

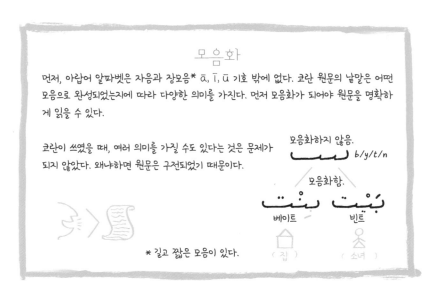

모음화

먼저, 아랍어 알파벳은 자음과 장모음* ā, ī, ū 기호 밖에 없다. 코란 원문의 낱말은 어떤 모음으로 완성되었는지에 따라 다양한 의미를 가진다. 먼저 모음화가 되어야 원문을 명확하게 읽을 수 있다.

코란이 쓰였을 때, 여러 의미를 가질 수도 있다는 것은 문제가 되지 않았다. 왜냐하면 원문은 구전되었기 때문이다.

모음화하지 않음.
b/y/t/n

모음화함.
베이트   빈트
(집)   (소녀)

* 길고 짧은 모음이 있다.

는 내용이 나오고, 기도 직전이나 기도 중에도 마실 수 없다고 나온다. 그리고 또 다른 장에는 술, 도박, 우상 숭배, 점술은 사탄이 저지르는 불결한 것으로 그것을 피하면 번영하리라는 구절이 있다. 나중에 덧붙여진 것일수록 점점 엄격해진다.

오늘날 코란은 무슬림에게 무엇을 말할까?

코란은 하디스와 함께 이슬람 율법이 생겨나는 근원이다. 이슬람 율법을 만들기 위하여 모든 노력을 기울여 코란을 해석하는 과정을 '이즈티하드'라고 하는데, 율법학자들이 팀을 이루어 수행한다. 이즈티하드는 아랍어로 '자신과 싸우다' 또는 '독자적 판단'을 뜻한다. 율법학자들에 의해서 만들어진 이즈티하드가 법적 효력이 인정되면, 이는 모든 무슬림에게 적용된다.

모든 무슬림은 자기 삶에 해당되는 문제에 대해 각자가 코란 안에서 자주적으로 결정해야 한다. 물론 마음 내키는 대로 정하는 것은 아니고 이성적인 사고방식이 필요하다. 현대에도 코란을 자율적으로 해석하는 것은 이즈티하드로 간주된다.

코란은 총체적인 신령한 기록이지만 동시에 특정한 시기에 쓰인 것이다. 따라서 역사적 연관성을 항상 고려해야 한다.

오늘날 우리는 무함마드의 시대 혹은 15세기경에 살던 사람들과는 전혀 다른 문제들을 갖고 있다. 예전 학자들의 해석은 불변의 것이 아니며, 오늘날까지 반드시 적용해야 하는 것도 아니다. 코란의 본질은 언제 어떤 상황에서든 새로운 접근법을 발전시키는 데 있다.

코란을 서로 다르게 해석하는 두 개의 사상

일찍이 8, 9세기부터 이슬람에서는 서로 다른 두 신학교 혹은 사상이 생겨났다. 먼저 자유의지를 중요하게 여기는 무타질라파와 전통을 신뢰하는 아샤리파가 생겨났다.

무타질라파, 인간의 자유의지에 맡긴다

무타질라파의 가르침은 아래와 같은 원칙을 기본으로 한다.

- 유일성 : 신은 하나이며 다른 신은 없다.
- 정의 : 신은 정의롭다.
- 약속과 위협 : 자유의지를 가진 인간의 행위는 내세에서 신의 보상 또는 처벌이 따른다.
- 믿는 자와 믿지 않는 자 사이에 중립적 태도 : 신자가 중죄를 지은 경우, 신자도 비신자도 아닌 중간 상태이다.
- 선을 행하고 악을 금한다.

무타질리파의 사상에서 무엇보다 중요한 것은 코란이 창조되었다고 보는 관점이다. 이들을 통해 코란을 비판적으로 볼 수 있게 되었다. 무타질리파의 사고방식에 따르면 '창조되었다'고 할 수 없는 것은 알라뿐이며, 코란은 신에 의해 특정한 시기와 상황에서 사람을 위해 창조된 것이다. 그렇기 때문에 코란은 영원하지 않고 시대적으로 한정되어 있다.

무타질리파의 이와 같은 주장은 이슬람 정통파 사이에 강한 논쟁을 불러일으켰다.

무타질라파는 코란의 계시와 전통을 이해하는 기준을 개인의 판단과 자유의지에 두었다. 특히 사회에 변화가 있을 때, 무타질라파는 이런 사상을 바탕으로 코란을 해석하고 결정을 내렸다.

아샤리파, 전통을 따르는 것이 가장 옳다

창시자 아부 알 하산 알 아샤리(873~935년)의 이름을 따서 지은 아샤리파의 가르침은 무타질리파와 상반된다. 이들은 전통을 따르고 교리를 중시하며, 다음과 같은 원칙을 부정할 수 없는 원칙으로 지킨다.

- 코란에는 신과 천사들, 그의 (거룩한) 기록들, 선지자들, 신께서 (계시로서) 주신 것, 선지자가 전달한 진리가 있다.
- 알라는 유일하고 영원한 신이며, 무함마드는 알라의 종이자 사도다. 천국과 지옥은 실제로 존재한다.
- 알라가 코란에서 말한 것과 같이, 알라는 보좌에 앉아 있다.
- 세상에는 알라가 원하지 않은 선과 악은 존재하지 않는다. 모든 것은 알라의 의지에 따라 일어난다.
- 알라 외에는 창조자가 없다. 알라는 인간의 선하고 악한 행위를 창조하고 인간은 어떤 것도 창조할 능력이 없다.
- 코란은 알라의 말이고 창조된 것이 아니다.
- 부활의 날에는 실제 두 눈으로 알라를 볼 수 있을 것이다.

• 믿음은 변할 수 있다 : 믿음은 커지거나 작아질 수 있다.

알 아샤리는 이 원칙을 신앙을 증명하는 근거로 삼았다. 그의 목표는 무타질라파에 반박하는 것이었다. 그는 대표작 《마칼라트》에서 이슬람 신학서적으로서는 가장 처음 당시 교리들을 상세히 기술했고, 비평 없이 통합했다. 이 과정을 통해 그는 자신의 입지를 굳게 다졌다.

오래전부터 무슬림은 이와 같이 상반되는 학파의 주장을 분석하고 스스로 결론을 이끌어냈다. 이슬람에서는 신자가 심사숙고한 끝에 다른 의견을 냈을 때 배신자라고 할 수 없다고 가르친다. 하지만 오늘날에는 더 이상 이렇게 신자가 스스로 결론을 이끌어 내지 않고, 학자들이 공통적으로 지지하는 견해와 오래전부터 공동체 내에서 적용되어 온 전통을 따르는 것이 옳다고 여긴다.

그럼에도 알라와 선지자들은 모든 사람에게 이성적으로 판단하라고 요구하며 누구도 이를 피해갈 수 없고, 알라는 개개인에게 각자의 책임을 지운다고 한다. 코란은 이렇게 말한다.

"어느 누구도 서로가 서로에게 도움이 되지 못하고 그 어떤 속죄도 수락되지 아니하며 어떤 중재도 효용이 없으며 어떤 도움도 받을 수 없는 그 날을 두려워하라"(2:123)

5. 이슬람 율법은 왜 엄격해 보일까?

샤리아, 이슬람의 법체계

샤리아는 이슬람의 법체계이다. 샤리아는 아랍어로 본래 '물의 근원으로 가는 길'이라는 뜻인데, 흔히 '이슬람의 율법', '이슬람의 법률', 심지어 '형법'이라고도 번역한다. 샤리아는 종교 생활부터 가족, 사회, 경제, 정치, 국제관계에 이르기까지 무슬림 세계의 모든 것을 규정한다.

샤리아에 따른 판결이 어떻게 내려지는지에 대한 예로 선지자 무함마드의 이야기 하나가 자주 거론된다. 무함마드는 예멘에 있는 공동체를 이끌기 위해 동료인 무아다 이븐 자발을 보냈는데, 이때 두 사람은 이런 대화를 나누었다고 한다.

선지자 무함마드가 무아다에게 물었다.

"네가 예멘에 있다면 무엇을 기준으로 결정을 내릴 것인가?"

무아다는 코란을 따를 것이라고 대답했다. 무함마드가 다시 물었다.

"코란에서 아무것도 찾지 못한다면 어떻게 할 것인가?"

무아다는 선지자의 생활방식을 기준으로 삼을 것이라고 대답했다. 무함마드가 또 물었다.

"거기에서도 아무것도 찾지 못한다면?"

무아다는 이렇게 답했다.

"알라는 나에게 스스로 결정을 내릴 수 있는 이해력을 주셨네."

이 이야기는 샤리아가 개인의 책임을 분명히 할 뿐 아니라 개인적 견해를 바탕으로 한 이성적 판단이 가장 오래된 법적 수단의 기반임을 강조한다.

이렇듯 독자적인 판단을 바탕으로 법률의 기원을 해석한 것을 앞장에서 이야기한 것처럼 '이즈티하드'라 하며, 이것이 샤리아의 토대이다. 그런데 정통파 무슬림들은 샤리아의 실행을 제한하고 배격한다. 법률학교가 생기면서 코란과 순나(선지자의 언행)를 바탕으로 샤리아를 정교하게 다듬어 놓았지만, 오히려 이슬람에서 개인적인 탐구를 의미하는 '이즈티하드의 문'이 닫혔다고 여기기 때문이다. 그리하여 오늘날 많은 무슬림들은 이즈티하드의 문을 다시 열고, 새롭고 독자적인 사고를 하려고 노력한다.

다양한 법학파가 생겨나다

이슬람이 빠르게 전파되면서, 이슬람의 율법을 신앙 말고도 일상생활에 적용하는 문제를 비롯해 이슬람 법 판결을 둘러싼 새로운 문제들이 생겨났다. 그래서 점차 법률학교가 생겨났고, 이슬람의 율법을 다양하게 풀이하여 법체계를 세우는 과정에서 곳곳에 여러 학파가 나타났다. 이들 학파는 총 네 갈래로 갈라졌으며, 모두 이슬람 수니파의 성향을 띤다. (이슬람의 종파는 92쪽을 참고한다.)

하나피 학파

아부 하니파 알 누만(697~767년)이 세운 학파이다. 그는 법학 이론을 처음으로 체계화하였다. 하나피 학파는 이슬람 율법학파 중에서도 가장 오랜 전통을 자랑하며, 또한 가장 많은 사람들이 따르는 학파이기도 하다. 그는 코란 외에 무함마드가 직접 말한 게 확실한 소수의 하디스만을 인정했다. 오늘날 터키, 시리아, 레바논, 요르단, 아프가니스탄, 파키스탄, 인도의 무슬림들은 거의 하나피 학파에 속한다.

말리키 학파

말리크 이븐 아나스(715~795년)가 세운 학파이다. 말리크는 무함마드 2세대 선지자로 분류된다. 생애의 대부분을 메디나에서 보냈고, 사상적 태도를 초기의 이슬람 정신 계승에 두고 있다. 그는 규율을 작성하는 데에 자기 자신만의 판단과 이해력을 결정적인 잣대로 삼았다. 그가 쓴 책

《알 무와타》는 가장 오래된 이슬람 율법 책으로, 말리키 학파의 기본을 이룬다. 말리키 학파는 오늘날 주로 북아프리카 지역에 퍼져 있다.

샤피이 학파

무함마드 아쉬 샤피이(767~820년)가 세운 학파이다. 아쉬 샤피이는 여행을 많이 했고, 이슬람 법 공부에 일생을 바쳤다. 특히 이슬람의 보수와 진보 세력 사이에서 합리적이면서 독자적인 방법으로 법을 만들려고 노력했다. 오늘날 샤피이 학파는 주로 이집트, 요르단, 인도네시아에 퍼져 있다.

한발리 학파

아흐마드 이븐 한발(780~855년)이 세운 학파이다. 바그다드에서 법학과 하디스학을 공부한 이븐 한발은 샤피이 학파를 세운 무함마드 아쉬 샤피이의 학생이었는데, 역시 학업 중에 여행을 많이 다녔다. 이븐 한발은 이슬람의 법체계를 세우는 데 개인의 이성과 합리성을 배제하고, 코란과 하디스에 입각한 사실만을 중시하였다. 매우 보수적이고 엄한 한발리 학파는 오늘날 주로 사우디아라비아와 페르시아 만의 몇몇 국가 무슬림들이 따르고 있다.

샤리아를 어기면 엄한 처벌을 받을까?

핫드는 이슬람법의 용어로서 '엄격한 처벌'을 뜻한다. 핫드는 코란에 처벌이 규정된 범죄에 대한 형벌을 가리킨다. 이 형벌로 신체적인 징벌을 받거나 처형되기도 한다.

핫드에 해당되는 범죄는 간통, 매춘, 동성애를 포함한 부도덕한 성행위, 절도, 노상강도, 음주, 마약 밀매 등이다. 부도덕한 성행위를 하면 죄가 얼마나 무거운지에 따라 채찍질을 하거나 심지어 돌로 쳐 죽이기까지 한다. 절도를 하면 도둑의 손을 자르기도 하고, 술을 마시면 매질을 한다. 그러나 죄를 범한 사람이 뉘우치면, 원칙적으로는 더 이상 형벌을 가하지 않는다고 코란에 나와 있다.

핫드는 사우디아라비아, 예멘, 파키스탄, 이란 등 소수의 이슬람 국가에서만 집행된다. 대부분의 이슬람 국가들은 샤리아를 국가법으로 정하지 않고 있다.

파트와는 무엇인가?

어떤 사안이 이슬람 율법에 걸리는지를 해석하는 권위 있는 이슬람 판결을 '파트와'라고 한다. 파트와의 내용은 코란과 샤리아, 하디스 등을 기초로 하여 결정된다.

따라서 파트와는 법적인 판결이 아니라 종교적인 판결이다. 이슬람의 여러 위원회에서 이러한 결정을 내놓기도 하지만, 대부분 신학적으로 특별히 훈련받은 개인이 제기한다. 그러나 이슬람 세계에서 코란과 샤리아는 법 이상의 권위를 갖고 있으므로 무슬림은 종교적 의무로 파트와를 따른다.

물론 원칙상 누구나 모든 법률적 견해에 이의를 제기할 수는 있다. 그러나 파트와가 법적인 효력을 갖는 이유는 파트와를 만든 사람의 권위를 바탕으로 하기 때문이다. 파트와는 시대의 영향을 받으며 상황에 따라 달라질 수 있고, 무슬림은 그 파트와에 동의하고 따를지 동의하지 않을지 스스로 결정할 수 있다.

6. 무함마드는 어떻게 신의 계시를 받았을까?

마지막 사도이자 마지막 선지자

이슬람 신학에서는 선지자를 알라의 메시지를 알리기 위해 알라로부터 언약 또는 계시를 받은 사람이라고 표현한다. 샤피이 학파의 창시자인 아쉬 샤피이는 "사도는 알라가 사람들에게 새로운 계시를 알리기 위해 보낸 사람이다. 그리고 선지자는 알라가 이전에 전한 계시를 증명하기 위해 보낸 사람이다."라고 말했다.

사도는 알라에게 새로운 계시를 받는다. 이슬람 전통에서 사도들이 말한 내용과 사도들이 받은 계시는 같은 것으로 여겨진다. 한편 선지자는 알라로부터 받은 모든 계시를 전하는 자로, 모든 계시에는 이미 이전 사도들에게 전해진 계시도 포함된다. 코란에서는 무함마드를 '사도'라고 불렀지만, 이슬람 전통에서 그는 '선지자'이기도 하다. 무함마드는 알라로부터 새로운 계시를 받고 이를 사람들에게 전하는 사도이면서 알라로부터 받은 모든 소식을 전하는 선지자인 것이다.

'사도'라는 말은 이슬람 신앙 고백에서 중요하다. 신앙 고백을 할 때 "나는 알라 외에 신이 없음을 증언하며, 무함마드는 알라의 사도임을 증언하나이다."라고 말하기 때문이다.

선지자의 연결 고리

코란은 선지자 25명의 이름을 열거했는데, 무함마드와 함께 사도로 강조된 인물은 누흐(노아), 살레, 룻(롯), 슈아이브(이드로), 무사(모세), 이스마일(이스마엘)이다(괄호 안은 성경식 표기). 많은 이슬람 학자들이 여성 선지자도 있었다고 말한다. 그들은 예수의 어머니를 비롯해 코란에 여성과 연관된 계시가 자주 등장하는 것을 예로 들고 있다.

이슬람의 견해에 따르면, 이전부터 있었던 선지자들이 코란에 모두

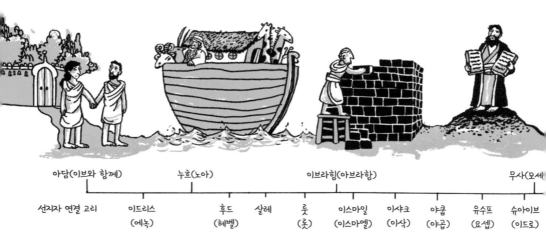

선지자 연결 고리

아담(이브와 함께)   누흐(노아)   이브라힘(아브라함)   무사(모세)

이드리스(에녹)   후드(헤벨)   살레   룻(롯)   이스마일(이스마엘)   이샤크(이삭)   야쿱(야곱)   유수프(요셉)   슈아이브(이드로)

나오는 것은 아니다. 선지자 수는 350여 명이지만, 1천 명 이상이 될 때도 있었다.

코란은 무함마드를 '선지자들의 봉인'이라고 한다. 이 말은 곧 신이 인류에게 보낸 사도는 아담을 시작으로 이브라힘(아브라함), 무사(모세), 이사(예수)를 거쳐 무함마드에서 끝이 났다는 것이다. 무함마드가 마지막 사도라는 건 모든 무슬림들에게 논쟁의 여지가 없으며, 선지자로서도 마지막을 장식하는 인물이 되었다. 코란은 다음과 같이 말하고 있다.

"무함마드는 너희 가운데 어느 한 사람의 아버지가 아니며 알라의 선지자이자 최후의 선지자라. 실로 알라는 모든 것을 아시노라."(33:40)

하지만 무함마드는 많은 무슬림들이 고대해 온 '마흐디'가 아니다. 마흐디는 '신이 보낸 구세주'를 뜻하는 말로, 심판의 날에 이 세상의 불의를 완전히 없애 준다는 인물이다. 수니파의 대부분은 이사(예수)가 이

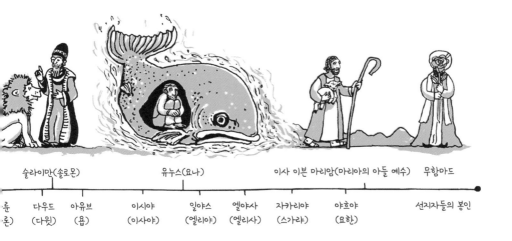

술라이만(솔로몬)　　유누스(요나)　　이사 이븐 마리암(마리아의 아들 예수)　무함마드

룬　　다우드　아유브　　이시야　　일야스　　엘야사　　자카리야　　야흐야　　선지자들의 봉인
몬)　(다윗)　(욥)　　(이사야)　(엘리야)　(엘리사)　(스가랴)　(요한)

역할을 감당했다고 믿고, 시아파의 대부분은 '열두 번째 이맘'이 세상의 종말을 예언할 것이라고 믿는다. (이슬람의 종파는 92쪽을 참고한다.)

무함마드, 절대적으로 완벽한 인간?

선지자나 사도가 한 말 중에서 평범한 사람으로서의 이야기가 있고, 신의 계시가 있다. 선지자와 사도 역시 인간이므로 말 속에는 실수도 있다. 그러나 계시는 문자로 쓰였든 영감을 받은 것이든 신성한 것으로 여겨진다.

이슬람은 '알라는 실수하지 않는다'고 말한다. 무함마드의 말을 신의 계시와 같은 것으로 여기면 문제가 된다. 그러므로 무슬림은 무함마드를 신격화하지 않는다. 무함마드가 자기가 살던 시대의 사상을 바탕으로, 자신을 선지자로 여기고 말했다고 여긴다. 따라서 무함마드 시대의 말을 오늘날 그대로 적용하는 것은 불가능하다는 것이다.

"네가 아니었다면, 정녕 네가 아니었다면, 나는 이 우주를 창조하지 않았을 것이다."

알라의 이 말은 '신성한 계시'라는 하디스와 관련된 것인데, 코란에는 나오지 않는다. 이 말은 알라가 지브릴 천사를 통하지 않고 무함마드에게 직접 준 계시다. 무함마드가 꿈속에서 나눈 대화나 영감의 형식으로 겪은 수많은 일들이 하디스에 실려 있다. 비록 이슬람에서 하디스를 코란과 대등하게 여기지는 않지만, 무슬림은 하디스를 코란에 실리지 않은 신의 말씀으로 보고 가치 있게 여긴다.

위에 소개한 '신성한 계시'라는 하디스는 아주 유명하고 널리 퍼진 무함마드의 말을 기록한 것이며 신성의 근원으로 간주된다. 이슬람은 알라가 무함마드에게 직접 주었다고 하는 이 신성한 계시가 무함마드를 지나치게 높이는 것이라고 말한다. 인간인 무함마드를 신처럼 숭배할 필요는 없다는 것이다. 즉, 이슬람은 유일신 알라만을 찬양하며, 그 외에는 어떤 것도 숭배해서는 안 된다고 주장한다.

하지만 오늘날의 많은 무슬림들은 그렇게 생각하지 않는다. 무슬림 지도자들에게 인간 무함마드의 모습은 절대적으로 완벽하기에, 숭배할 만한 존재로 굳어진 것이다.

사실 무함마드는 종교적인 측면에서는 '흠 없는' 존재이지만, 그 역시 선지자로 부름 받기 전에 한 인간이었기 때문에 일상생활에서 일어나는 여러 문제에 완벽할 수는 없었다.

무함마드의 생애

무함마드 이븐 압둘라의 생애는 참고할 만한 동시대의 문헌이 거의 없어 믿을 만한 정보가 적다. 그래서 이슬람 신학에서는 코란을 바탕으로 선지자이자 역사적인 인물로서 무함마드를 해석한다.

그 외에는 역사가 이븐 이샤크가 기록한 전기가 있는데, 이것을 역시 역사가인 이븐 히샴이 이어받아 내용을 보충하여 책으로 엮었다. 이 책은 선지자 무함마드의 삶을 다루어 예언자의 전기로 가장 중요하게 여겨졌으며, 하디스 문학에 버금가는 대중적인 작품으로 평가받아 왔다.

계시를 받기까지 무함마드의 삶

무함마드가 계시를 받기 전인 40세 이전에 어떻게 살았는지에 대해서는 알려진 바가 적다. 무함마드는 570년경 메카에서 태어났다. 그의 가족은 부유한 쿠라이쉬 부족에 속했다. 어릴 때 할리마라는 여성이 보살펴 주었는데, 할리마는 유목민인 베두인족이었다고 한다. 그는 형제자매가 없었다. 아버지 압둘라는 그가 태어나기 전에 죽었다. 어머니 아미나는 아마도 무함마드를 임신했을 때 최고의 현자를 낳게 되리라는 일종의 계시를 받았을 것이다. 무함마드가 여섯 살이 되었을 때 아미나 역시 세상을 떠났다. 그래서 어린 무함마드는 처음에는 할아버지와 같이 살았고, 그 다음에는 삼촌 아부 탈립과 살았다. 삼촌은 일찍이 조카 무함마드와 자기 자식들에게 사막에서 양떼 돌보는 일을 맡겼다.

무함마드는 12세 때부터 삼촌을 따라 시리아로 무역 여행을 다녔다. 이 여행에서 무함마드가 아주 특별한 사람이라는 사실이 드러난다. 무함마드는 시리아에서 기독교의 수도사인 바히라를 만났다. 바히라는 무함마드의 양 어깨 사이에 있는 점을 보고 무함마드가 미래의 선지자가 될 것을 나타내는 징표라고 했다.

무함마드는 25세 때 부유한 상인이자 과부였던 카디자와 결혼하였다. 그는 카디자가 운영하는 무역단 지배인으로 일하면서 그녀를 만났다. 카디자는 무함마드보다 15살이나 많았다고 한다. 그들은 서로 사랑에 빠졌고, 그녀는 무함마드의 청혼을 받아들였다. 둘은 적어도 5명의 자식을 두었고, 무함마드는 카디자 이외의 다른 여성을 아내를 맞지 않았다. 그러다 카디자가 죽고 나서 여러 아내를 맞아들였다. 심지어 여러 명의 여성과 동시에 결혼하기도 했다고 한다.

무함마드는 아라비아 반도의 북쪽 지역까지 여러 번의 무역 여행을 하면서 유대교와 기독교에 대한 지식을 얻었다. 그는 본래 카바에서 사람들이 여러 신을 숭배하는 환경에서 자랐다. 하지만 이런 믿음은 무함마드의 마음에 들지 않았다. 그는 메카 변두리에 있는 히라 동굴에 들어가 홀로 지내며 메카에서의 자신의 삶과 여러 신들에 대해 곰곰이 생각했다. 그는 점토와 돌로 만들어진 신들에게 기도하는 것에 더 이상 아무 의미를 찾지 못했다.

알라의 사명을 맡다

이븐 이샤크는 《선지자의 삶》에서 이 시기의 무함마드를 다음과 같이 서술했다.

무함마드가 40세가 되었을 때, 알라는 이 세상을 가엾이 여겨 인류를 위해 그를 선지자이자 설교자로 정하셨다. 알라는 무함마드 이전에 보낸 모든 선지자들이 그를 믿도록 증거를 보이고자 하셨다. 그리고 반대하는 자들로부터 그를 구하기 위해 언약을 맺으셨다. 알라는 선지자들에게 그들을 추종하는 자들과 이 언약을 나누라고 명령하셨다. 그리고 그들은 알라가 그들에게 명령한 것을 실천했다. 무함마드 선지자는 가난한 자들과 먹을 것을 나누고, 기도를 하기 위해 해마다 라마단 달이 되면 고독하게 지냈다. 그는 라마단 달이 끝나고 메카로 돌아올 때마다 카바에 먼저 가서 그곳을 일곱 번 혹은 그 이상을 돌았다. 그렇게 하고 나서야 그는 집으로 갔다. 무함마드는 라마단 때마다 그를 보내신 알라에게 경의를 표하기 위해, 가족과 고요하게 예배를 드릴 수 있는 히라산으로 갔다. 알라는 사명을 통해 무함마드를 인정하고, 인간에게 자비를 베풀기로 했고, 그날 밤에 지브릴 천사가 그에게 찾아왔다. 무함마드는 나중에 이렇게 말했다.

내가 자고 있을 때, 지브릴 천사가 무엇인가 쓰여 있는 비단 천을 나에게 들고 와서 말했다.

"읽으라."

나는 대답했다.

"저는 문맹이라 글을 읽을 줄 모릅니다."

그러자 그가 천으로 나를 눌러 나는 숨이 막혀 죽는 줄 알았다. 그러고 나서 그는 나를 놓아 주고 다시 말했다.

"읽으라."

나는 대답했다.

"저는 문맹이라 읽을 줄을 모릅니다."

　　　그는 그 천으로 내가 죽을 것 같다고
　　　느낄 만큼 다시 눌러 나를 숨 막히게 했다.
　　　그리고 나를 놓아 주면서 또 다시 명령했다.
　　　　　"읽으라."
　　　　　나는 세 번째로 대답했다.

"나는 읽을 줄을 모릅니다."

그가 또 다시 내가 거의 죽을 만큼 숨 막히게 하고 다시 읽으라고 명령했다. 나는 숨이 막혀 죽을까 무서워서 말했다.

"무엇을 읽어야 하나요?"

그가 말했다.

"흐르는 피로 인간을 창조하신 창조주 알라의 이름으로 읽으라. 갈대 펜을 가져와 가르치시고, 사람들이 알지 못했던 것을 가르치시는 가장 관대하신 알라의 이름으로 읽으라."

이것이 지브릴 천사가 무함마드에게 전한 첫 번째 메시지였다.

무함마드는 이때부터 약 22년 동안 알라의 메시지를 받는다. 그의 사명은 사람들에게 유일한 알라의 존재와 그의 계시를 전하는 것이었다. 그러나 이 사명을 맡게 되면서 그는 친구를 사귀지 못했다. 또 카바 주변에 가게를 세워 순례자들로부터 많은 돈을 번 그의 부족들조차 무함마드를 꺼리게 되었다. 그가 카바에 있던 360여 개의 신을 단 하나의 신으로 바꿔야 한다고 설교했기 때문에 그의 부족은 순례자가 줄어들면 수입이 줄어들까 봐 걱정했다.

부족은 무함마드에게 알라의 메시지를 전하지 말라고 했지만 그는 이를 거절했다. 부족과의 논쟁은 점점 더 격렬해지고 난

폭해져서, 그의 친척 중 몇몇이 무함마드를 따르는 사람들뿐만 아니라 무함마드마저도 죽이려 했다. 무함마드는 할 수 없이 정든 고향 메카를 떠나 야스리브에 가기로 했다. 야스리브는 오늘날의 메디나이다.

무함마드는 메디나로 이주하기 바로 전에 그 유명한 '밤의 여행(야행승천)'을 경험한다. 어느 날 밤 무함마드가 지브릴 천사의 안내로 날개 돋친 말 '부라크'를 타고 메카에서 예루살렘까지 날아간다. 예루살렘에 도착한 후 그는 성전 산에서 내려와 하늘로 올라갔는데, 지브릴 천사가 그에게 하늘의 각 층을 안내해 주었다. 이슬람에서는 일곱 개의 하늘이 우주를 이룬다.

무함마드는 하늘 각 층에서 자기보다 이전에 살았던 선지자들을 만났다. 그는 하늘의 일곱 번째 층에서 마지막으로 이브라힘을 만났다. 그리고 하늘의 끝으로 가서 알라 앞에 섰다. 하늘 끝의 경계선에는 커다란 나무가 있었다. 먼저 알라는 무함마드에게 신자들이 날마다 몇 번 기도해야 하는지 계시했다. 알라는 원래 하루에 50번 예배하라고 했는데, 무함마드는 신자들이 어려움을 겪지 않도록 여러 가지 이의를 제기해 예배를 5번으로 줄였다.

지브릴 천사는 무함마드에게 최후의 심판을 통과한 성인들이 사는 천국을 보여 주었다. 그리고 악마에게 고통 받는 죄인들이 있는 지옥을 잠시 보는 것도 허락했다.

마침내 무함마드는 지브릴 천사와 함께 메카로 돌아왔다. 전 세계 무슬림은 이 '밤의 여행'을 해마다 성스러운 밤으로 기념한다.

622년에 무함마드가 박해를 피해 메카를 떠나 메디나로 이주한 것

을 '헤지라'라고 한다. 이 해를 이슬람의 원년으로 하여 이슬람력이 시작된다. 무함마드는 632년에 62세의 나이로 숨을 거둘 때까지 메디나에서 살았다.

무함마드는 메카에서 신의 존재, 천국과 지옥, 창조에 대한 계시를 받았다. 하지만 메디나에서는 달랐다. 메디나에서 무함마드는 어떤 상황에서 문제가 생겼을 때 어떻게 해야 하는지 신으로부터 항상 정확하고 구체적인 계시를 받았다. 메디나의 무슬림과 메카 사람들 사이에 두 차례 전투가 일어났을 때에도 계시를 받았고, 다른 종교를 믿는 이들과 논쟁이 벌어졌을 때에도 어떻게 해야 하는지 계시를 받아 해결했다. 여기서 계시는, 누군가 죽었을 때 남은 가족이 얼마를 상속받는지와 같은 자세한 내용이었다. 무함마드는 메디나에서 여러 부족이 벌이는 분쟁을 평화롭게 조정하는 데 큰 활약을 했고, 마침내 메디나의 통치자가 되었다.

무함마드는 죽기 직전에 메카로 마지막 순례 여행을 떠났다. 그는 카바 앞에서 마지막 연설을 하면서 불공정하고 해묵은 메카의 전통을 거부했다. 그는 인간의 정의에 대해서도 이야기했다. 남성의 삶과 재산, 존엄성을 보호해야 하는 것과 마찬가지로 여성의 권리도 존중해야 한다고 했다. 부부 사이에는 아내도 남편만큼이나 배우자로서 권리와 의무가 있다고 말했다.

알라의 메시지는 어떻게 전해졌을까?

무함마드가 알라의 메시지를 받아 인간에게 전한 22년 동안 알라의 수많은 메시지가 계시되었고, 수많은 사건이 일어났다. 무함마드는 권고 사항, 금지 사항, 명령에 대해 말하거나 알라의 메시지를 선포했다.

선지자의 언행을 '순나'라고 하는데, 순나는 아랍어로 '관례', '전통'을 뜻한다. 순나는 선지자의 말을 기록했을 뿐만 아니라 그의 지시, 모범이 될 만한 행동, 제3자의 동의와 추천, 그리고 무엇보다 코란에 쓰여 있지 않은 금지 사항과 종교적, 도덕적 경고들을 전한다.

'하디스'는 예언자 무함마드의 순나를 직접 제자들이 듣고 전달한 것이라고 한다. 다양한 사람들이 무함마드의 순나를 전하고 수집해 기록

했다. 하디스를 수집하는 이슬람 학자들은 하디스에 기록된 내용이 모두 무함마드가 전한 것이라고 믿는다. 하지만 하디스 수집이 늘어나면서 사람들은 정말 무함마드가 한 말인지 확신할 수 없게 되었다. 이런 이유로 사람들은 하디스가 믿을 만한지 검토하기 시작했고, 이렇게 해서 하디스학이 생겨났다.

하디스를 이루는 두 가지 요소

하디스는 '전승의 연결 고리(이스나드)' 부분과 '본문(마튼)' 부분으로 나뉜다. 전승의 연결 고리 부분은 하디스를 전하는 사람이 믿을 만한 사람인지를 검증하는 것이다. 무함마드의 말을 실제로 누구에게서 직접 들었는지 나타내기 위해 그 사람들의 이름을 다음과 같이 기록한다.

"나는 A로부터 들었는데, A는 B로부터, B는 C로부터, C는 D로부터, D는 선지자 '그에게 알라의 축복과 평화가 깃들기를'(하디스에서는 선지자라는 낱말이 나올 때마다 이 말을 덧붙인다)로부터 들었고, 그가 말하기를……"

그리고 나서 선지자가 실제로 말하는 내용이 이어진다.

무함마드의 말을 전하는 사람을 보증인이라고 한다. 보증인은 둘로 구분되는데, 선지자가 말하는 것을 직접 보고 들었거나 그것을 전한 '사하비', 그리고 사하비를 만나 그의 말을 전한 '타비'이다.

어떻게 하디스의 진위를 판별할까?

하디스학은 먼저 무함마드가 이것을 정말 이야기했을 가능성이 있는지 질문한다. 이것을 알아내기 위해 학자들은 먼저 전승의 연결 고리에 빈틈이 있는지, 본문이 진짜인지를 확인한다. 질문은 다음과 같다.

전승의 연결 고리

모든 보증인이 정말 서로 아는 사이일 가능성이 있나? 이들이 같은 시대에 살기는 했던 걸까? 그들이 선지자를 만날 수 있었나? 이 사람들은 얼마나 믿을 만한가? 신뢰할 수 있는 정보는 각 사람에 대한 상세한 이력을 적은 책인《보증인에 대한 책》으로 나와 있다.

본문

여러 개의 하디스에서 나온 원문이 일치하는가? 그렇지 않다면 그 이유는 무엇일까? 누가 하디스를 인용했는가? 하디스의 내용이 코란과 일치하는가, 아니면 모순이 되는가?

하디스 학자들은 하디스의 신뢰성을 세 가지 범주로 평가한다.

1. 하디스 사히 : '건전'하고 '진짜'라고 평가된 하디스. 이러한 하디스는 전승의 연결 고리에 빈틈이 없다. 그리고 보증인들은 신뢰할 만하며 기억력이 좋다. 또한 하디스 사히의 진술은 다른 하디스 사히들과 상반되지 않는다.

2. 하디스 하산 : '양호'하다고 평가되지만 하디스 사히보다는 믿음이 떨어진다. 그렇지만 전승의 연결 고리에는 빈틈이 없다. 모든 보증인은 신뢰할 만하다. 또한 하디스 하산의 진술은 다른 하디스 하산들과 상반되지 않는다.

3. 하디스 다이프 : '약함'으로 판정된 하디스. '진짜'라고 평가되거나 '양호'하다고 평가된 하디스 외에 다른 것들은 '약함'으로 간주한다.

그런데 하디스는 무슬림들에게 왜 그렇게 중요할까? 하디스는 수많은 사람들이 이해하기 어려워하는 코란 구절을 설명해 주기 때문이다. 또한 무함마드가 1400년 전에 특정한 사항에 어떤 태도를 보였는지, 그리고 그것을 어떻게 평가했는지 알려주기 때문이다. 선지자들의 순나는 무슬림에게 코란 다음으로 일상생활의 중요한 바탕이 된다.

19세기 말 유럽에서는 '하디스 비판'이 일어났다. 특히 구세대 무슬림 학자들이 하디스 사히를 구별하기 위해 사용한 방법들이 비판의 대상이 되었다. 그중에는 타당한 비판도 있어서 터키의 하디스 학자들이 오류를 바로잡기 위해 모든 하디스 사히를 다시 확인하기도 했다.

이슬람의 대표적인 종파, 수니파와 시아파

이슬람 제국의 주권자를 가리키는 칼리파는 아랍어로 '신의 사도의 대리인'을 뜻한다. 칼리파는 선지자 무함마드의 뒤를 이어 이슬람 교리의 순수성을 유지하고, 종교를 수호하며, 동시에 이슬람 공동체를 통치한다.

선지자 무함마드가 죽고 난 뒤에 누가 이슬람 공동체를 이끌 칼리파가 될 것인가를 두고 격렬한 논쟁이 벌어졌다. 그 결과 이슬람의 대표적인 두 파, 수니파와 시아파가 생겨났다.

수니파는 선지자의 언행을 기록한 '순나'에서 그 이름을 따왔다. 이들은 그 누구도 무함마드같이 지혜로울 수 없기 때문에 무함마드의 계승자는 이슬람 공동체가 가장 알맞다고 판단한 사람이 되어야 한다고 주장했다. 수니파가 무함마드의 정당한 계승자로 판단한 1대 칼리파는 아부 바크르였다. 그는 무함마드가 가장 사랑했던 아내 아이샤의 아버지다.

한편, 시아파는 무함마드의 혈통만이 그의 계승자가 될 수 있다고 주장하며, 무함마드의 사촌이자 사위인 알리 이븐 아비 탈립이 무함마드의 첫 번째 계승자가 되어야 한다고 했다. 시아파는 '알리를 추종하는 사람들'이라는 뜻의 '시아트 알리'에서 나온 말이다.

알리는 656년에 메디나의 모스크에서 4대 칼리파로 선출되었다. 그러나 알리가 3대 칼리파 우스만의 암살에 관여했다는 소문으로 이슬람 세계에 내분이 발생하였고, 알리는 661년에 습격을 당해 사망했다. 알리의 사망 이후 이슬람 세계의 정통 칼리파(632~661년) 시대는 끝났다. 우스만 가문 출신의 무아위야가 칼리파에 오른 후, 선거를 통해 칼리파를 선출하던 이전의 관습을 깨고 후손들에게 칼리파를 세습하게 되면서 우마이야 왕조(661~750년)가 시작되었다. 정통 칼리파 시대가 끝난 이후 이슬람 세계는 수니파와 시아파로 분열되었다.

시아파는 알리의 장남인 하산을 계승자로 지명했다. 세 번째 계승자는 선지자 무함마드의 손자이자 알리의 차남인 후세인이었는데, 오늘날 이라크에 있는 도시 카르발라에서 일가족과 함께 비참하게 살해당

570년 출생　　　　　**무함마드**　　　　632년 사망

무함마드 사망　→　후계자 없음　→　무함마드의 뒤를 이어 이슬람 공동체를 이끌 종교 지도자 지명을 두고 논쟁이 벌어지다.

후계자 선출 '칼리파 라술 알라'　　　　　　'신의 사도의 후계자'

정통 칼리파 시대

1대 칼리파
2대 칼리파
3대 칼리파
4대 칼리파

아부 바크르	아이샤	무함마드의 아내 아이샤의 아버지
우마르	하프사	첫 번째 무슬림 중 한 명, 딸 하프사가 무함마드와 혼인
우스만	움 쿨숨, 루카이야	무함마드의 두 딸 움 쿨숨, 루카이야와 혼인
알리	파티마	무함마드의 사촌, 무함마드의 딸 파티마와 혼인

분열

알리를 추종하는 사람들: 알리만이 무함마드를 이을 정통성이 있다(1-3대 칼리파를 인정하지 않음).

알리를 배척하는 사람들: 3대 칼리파 우스만의 암살을 막지 못한 알리를 비난했다.

알리 + 추종자

시핀 전투, 무슬림 간의 전투

무아위야 + 추종자　　　카리지파 '반역자'

시아파
'알리를 추종하는 사람들'이라는 뜻에서 나온 말

수니파
'순나를 따르는 사람들'이라는 뜻에서 나온 말

카리지파 탄생

이맘 결성

알리 살해　→　**5대 칼리파 무아위야**

아랍 제국 우마이야 왕조를 세우고 번영을 이끌다.

제1대 이맘　**알리**
제2대 이맘 하산 이븐 알리
제3대 이맘 후세인 이븐 알리
제4대 이맘 알리 자인 알 아비딘
제5대 이맘 무하마드 알 바킬
|
제7대 이맘 무사 알 카짐
|
제12대 이맘 무하마드 알 마흐디

5이맘파

7이맘파

12이맘파

8, 9세기에　법률학교가 세워짐

분열 없음

12, 13세기에 이슬람 신비주의자 '수피'들이 나타남.

했다. 시아파는 이 학살 사건을 순교로 보았고, 이로써 카르발라는 메카에 이어 이슬람 시아파의 주요 순례지가 되었다.

　시아파는 다시 몇 개의 파로 나누어진다. 시아파에게 이맘의 지위와 존재는 수니파의 평가와는 매우 다르다. 수니파에게 이맘은 예배를 관장하는 종교 지도자이고, 칼리파는 신의 계시와 명령에 따라 종교를 보호하고 세속적인 일들에 대한 통치권을 행사하는 선지자 무함마드의 정치적 후계자이다. 그러나 시아파에게 이맘은 가장 위대하고 훌륭한 스승이며, 무함마드의 사촌이자 사위인 알리와 그의 후계 이맘들은 모두가 평범한 사람이 아니라 '신성한 존재'로 여겨진다. 다시 말하면 이맘은 신성한 존재로서 현세 문제뿐만 아니라 이슬람 율법 샤리아의 모든 문제에 대해 절대적 해석권과 판결권을 갖는다.

　시아파 안에서도 어떤 이맘을 몇 명이나 인정하느냐에 따라 파가 달라진다. 자이드파(5이맘파)는 알리의 후계자로 5명의 이맘을 인정한다. 이스마일파(7이맘파)는 7명의 이맘을 인정하고, 선지자 무함마드의 혈통을 후계 계승의 필수 요소로 여기지는 않는다. 이마미파(12이맘파)는 12명의 이맘을 인정한다. 이들에게 열두 번째 이맘 '마흐디'는 '숨겨진 이맘'이다. 이마미파는 열두 번째 이맘이 세상의 구원자로 다시 올 것을 고대한다.

　시아파 무슬림은 오늘날 대부분 이란에 살고 있다. 이란에서 이맘의 권위는 매우 높아서 정치적인 권력을 갖는다.

7. 이슬람은 과연
여성을 억압하는 종교일까?

무슬림의 성교육

이슬람은 본래 인간의 성적인 욕구를 긍정적인 것으로 바라본다. 코란에는 다음과 같은 구절이 있다.

"단식 날 밤 너희 아내에게 다가가는 것을 허락하노라. 그녀들은 너희들을 위한 의복이요, 너희들은 그녀들을 위한 의복이라."(2:187)

의복이 인간의 몸을 감싸 주고 덮어 주며 보호하듯 남편은 아내를, 아내는 남편을 서로 돕고 위로하고 보호해야 한다는 의미로 성생활도 서로 돕는 것이라고 말한다.

성을 인간의 삶에서 빼놓을 수 없는 자연스러운 것으로 여기기 때문에 이슬람에서는 금욕을 추구하지 않으며 수도사도 없다. 따라서 부부를 서로의 성적인 욕구를 채워 줄 수 있는 관계로 보고, 부부 관계를 중요하게 여긴다. 부부 관계를 위해 결혼하는 것이 어려운 일이 되어선 안 되고, 부부가 성적으로 서로 맞지 않아 이혼하는 것이 역시 어려운 일이 되어선 안 된다. 왜냐하면 남편과 아내 모두 성적으로 만족할 권리가 있기 때문이다. 이렇듯 이슬람에서는 성행위를 오직 아이를 낳기 위한 것으로만 생각하지 않고 즐기는 것이라 본다.

성은 가장 친밀하면서도 은밀하다. 무슬림 아이들은 어려서부터 부모의 침실에 들어가기 전에 노크를 해야 한다고 배운다. 가족이지만 사생활에 대한 예의를 가르치는 것이다. 어디에서든 사람들이 휴식을 취하거나 잠을 자기 위해 옷을 벗고 있는 시간에는 반드시 허락을 받고 드나들어야 한다고 가르친다. 그리고 아이들이 자라 성년이 되면 남의 집에 드나들 때 항상 허락을 받도록 가르친다.

일부 이슬람 전통에서는 성을 엄격히 제한하려고 했다. 이에 대해 잘 알려진 하디스가 있다.

"너희 중 누구든지 남자와 여자만 단둘이 있지 말라, 그리하면 둘이 아니라 셋이 된다. 악마가 너희들 밑에 있기 때문이다."

코란에는 사람들이 성적인 자극을 일으키지 않게 옷을 입어야 한다고 나와 있다. 이런 이유로 많은 무슬림 남녀는 폭이 넓은 옷이나 긴 외투 같은 옷을 입어 몸을 가린다. 그러나 어떤 옷이 성적인 자극을 일으키고 어떤 옷이 성적인 자극이 없으면서도 멋있어 보이는지에 대해서는 당연히 의견이 엇갈린다. 유럽을 비롯한 이슬람 지역 밖에서 태어나고 자란 많은 무슬림 젊은이들은 서로 다른 두 세상 사이에서 살고 있다. 그들은 종종 이슬람 전통과 모순되는 문화 속에서 살아가야 한다.

오늘날에도 어떤 무슬림 집안이나 공동체에서는 남성과 여성을 분리해야 한다고 고집한다. 어떤 집은 친척이나 친구들이 찾아왔을 때 남성과 여성이 따로따로 앉는다. 코란 수업을 받을 때에도 남성과 여성이 분리되는 것이 전통이다. 모스크에서는 당연히 기도실을 나누어 놓는다. 비록 선지자 시대에는 남성과 여성이 따로 앉지 않았고 코란에도 이에 대해 나와 있지 않지만, 모스크에서 여성들은 주로 다른 방이나 발코니 같은 곳으로 쫓겨나다시피 한다. 남녀 청소년들도 모스크에서 함께 모이는 일이 거의 없다.

코란은 순결과 정조에 대해 분명히 남성과 여성 모두에 해당된다고 말한다.

"믿는 남성들에게 일러 가로되 그들의 시선을 낮추고 정숙하라. 그것이 그들을 위한 순결이라. 실로 하나님께서는 그들이 행하고 있는 것을 아시니라. 믿는 여성들에게 일러 가로되 그녀들의 시선을 낮추고 순결을 지키며 밖으로 나타내는 것 외에는 유혹하는 어떤 것도 보여서는 아니 되니라."(24:30~31)

그렇지만 현실에서 순결 개념은 여전히 여성이 결혼할 때까지 정조를 지키는 것에 집중한다. 몇몇 집단에서는 순결을 신성하게 여겨 과부나 이혼한 여성을 성적으로 가치가 낮다고 여긴다. 하지만 이것은 무함마드의 전통과 어긋난다. 그는 여러 여성과 결혼했고, 그와 결혼하기 전 미혼이었던 여성은 아이샤뿐이었다.

이슬람은 출산을 통제하기 위해 피임을 허용한다. 낙태 역시 특별한 상황에서 허용하는데, 임신 40일까지는 태아에게 아직 영혼이 존재하

지 않기 때문에 적어도 그때까지는 낙태할 수 있다는 데에 많은 학자들
이 견해를 같이한다.

동성애, 처벌과 관용 사이

　동성애가 어떤 측면에서 종교법과 관계가 있는지는 이슬람의 다양
한 집단마다 의견이 다르다.

　일반적으로 전통을 중요하게 여기는 무슬림들은 동성애 행위는 처
벌받아야 한다고 생각한다. 여기에 대해서도 이슬람 학파마다 의견이
다르다. 수니파 학파 중에서 가장 큰 하나피 학파는 경우에 따라 다르게
결정하지만, 한발리와 와하비 학파는 동성애를 저지르면 사형에 처한
다고 규정한다.

　예를 들면 북수단이나 사우디아라비아에서 그렇다. 반면 다른 이슬
람 국가는 일정 기간 동안 교도소나 경찰서 유치장에 가두는 구류형을
내린다. 알바니아, 인도네시아, 요르단, 터키 같은 몇몇 이슬람 국가에
서는 동성애를 처벌하지 않기도 한다.

　일부 무슬림은 동성애적인 삶을 즐기는 것이 아니라 동성애적 성향
을 갖고 있는 것이라면 관용으로 대해야 한다고 말한다. 그들은 신학자
이븐 하즘의 "사랑은 종교로도, 법으로도 금지시킬 수 없다. 왜냐하면
모든 마음은 하나님의 수중에 있기 때문이다."라는 글을 증거로 삼는
다. 아부 다우드와 앗 티르미디의 하디스는 더 관대하다. "만일 누군가

"또한 롯을 보내니 그가 그의 백성들에게 말하길,
'너희 이전 어떤 사람도 저지르지 아니한 부끄러운 일을 너희가 저지른단 말이뇨?
여성을 마다하고 남성에게 성욕을 품으니 실로 너희는 죄 지은 백성들이라.'"

(7:80~81)

"만일 누군가가 그의 형제를 사랑한다면, 그는 그 형제에게 사랑한다고 전해야 한다."
(아부 다우드와 앗 티르미디의 하디스 중에서)

(남자)가 그의 형제를 사랑한다면, 그는 그 형제에게 사랑한다고 전해야 한다." 이를 변형시킨 것으로 알 쿨라이니의 하디스에는 이런 글도 있다. "만일 네가 한 남자를 사랑한다면, 그 남자에게 말하라. 왜냐하면 이것이 너희들 사이의 사랑을 강하게 하기 때문이다."

한편 신에 가까이 가기 위해 정신적으로 헌신하고 노력하는 '큰 지하드'를 지키는 무슬림은 동성애 성향을 도발이라고 본다.

유럽의 일부 무슬림 기관은 동성애 문제를 매우 온건하고 관대하게 받아들인다. 무슬림 동성애자를 지지하고 옹호하는 기관도 세계 곳곳에 있다. 이중 미국에서 설립된 알파티하 재단이 가장 유명하다. 알파티하 재단은, 오늘날 세계적으로 진보적인 무슬림이 늘고 있으므로 이슬람은 개혁적인 종교로서 현대 사회에 맞게 변화해야 한다고 주장한다.

이슬람의 결혼은 하나의 계약 관계

감정과 무관한 결혼

이슬람에서는 결혼을 신성하게 여기진 않지만, 알라가 원하는 것으로 본다. 이슬람에서 결혼은 결혼 상대자의 어떤 감정에도 영향을 받지 않는, 하나의 계약이다. 그리고 다른 계약과 마찬가지로 조건이 안 맞으면 취소될 수도 있다.

예비부부는 혼인 계약에 자기가 중요하게 여기는 것을 모두 넣을 수 있다. 그런 다음 먼저 신랑 신부가 계약서에 서명하고, 신랑 신부의 여자 증인들과 남자 증인들이 서명한다.

혼인계약서에는 신랑이 결혼을 조건으로 신부에게 지불해야 하는 결혼 지참금, '마흐르'가 명시되어야 한다. 마흐르는 저금통장이나 장신구 또는 기타 공증문서 같은 것들이다. 계약서를 엄숙히 낭독하고 나서 신랑 신부는 이 결혼 계약에 동의하는지, 그리고 서로 부부가 되기를 원하는지 질문을 받는다. 증인들은 신랑 신부의 대답을 들었다고 증언하고 서명으로 이를 증명한다.

결혼은 신랑 신부 양측 모두에 의해서 자발적으로 이루어져야 한다. 하디스에 이런 예를 찾아볼 수 있다. 한 여성이 아버지의 강요로 결혼하게 되었다. 그녀가 선지자를 찾아가 자신이 결혼에 동의하지 않는다고 말하자 선지자는 결혼을 없던 일로 해 주었다.

또 독신으로 사는 것이 권장되지는 않지만 금지되지도 않는다. 가장 유명한 이슬람 신비주의자인 라비아 알 아다위야도 평생 결혼을 하지 않았다.

결혼의 의미를 아는 자의 결혼

코란은 결혼하기에 알맞은 나이를 정확히 말하고 있지 않지만, 남녀가 결혼을 허락 받으려면 결혼을 할 수 있는 능력이 있어야 한다고 말한다. 결혼하고자 하는 사람들은 자신의 결정이 어떤 결과를 가져올지 정확히 이해하고 있어야 한다. 그러므로 지구상의 여러 나라에서 이루어지는 조혼은 코란에 위배된다.

코란에는 결혼이 허용되지 않는 몇 개의 그룹을 말하고 있다. 여기에는 오누이, 아빠와 딸, 아들과 엄마 관계가 당연히 들어가고, 고모, 이모, 조카, 며느리, 의붓자식들까지 포함된다. 이슬람의 관점에서는 같은 유모에게서 자란 아이들 사이에도 결혼이 허용되지 않는다.

"하나님의 또 다른 증표 가운데 하나는 너희 자신에게서 배필을 지으신 후 그 배필과 함께 살게 하시며 서로 간에 사랑과 자비를 두셨노라. 실로 그 안에는 생각하는 백성을 위한 증표가 있노라."(30:21)

이 코란 구절은 부부 생활에서 이루려고 노력하는 목표뿐 아니라 목표에 도달하는 방법을 설명한다. 그것은 '사랑과 자비'이다. 이는 앞서 인용한 "…그녀들은 너희들을 위한 의복이요, 너희들은 그녀들을 위한 의복이라."라는 내용이 더 자세히 설명하고 있다.

이슬람에서 부부는 함께 생활하면서 서로에게 쉼터가 되고 서로를 지지하는 관계이다. 이러한 태도는 부부가 서로 존중하고 똑같은 가치와 똑같은 권리를 가진다는 사실을 깨닫는 데서 나온다. 만일 부부 중 한쪽이 다른 한쪽보다 우위에 있다면 불균형이 생기며, 이는 많은 갈등과 공격적 행동을 가져온다. 무함마드는 메카에서 한 마지막 연설에서 부부 둘 다 서로에게 동등한 권리와 의무를 가진다고 말했다.

일부다처제는 무함마드 시대의 합리적인 결혼제도

일부다처제는 무함마드가 살던 시대에 흔했던 공동체 생활방식이다. 많은 남성들이 여러 명의 아내를 거느렸다. 코란은 처음에 아내를 넷으로 제한하라고 충고했다. 이슬람은 특히 미망인과 고아를 돌보기 위해 미망인이 결혼을 통해 생계를 보장받게 하려고 했다.

"만일 너희가 고아들을 공정하게 대해 줄 수 없으리라는 우려가 된다면, 좋은 여성 중에서 둘 또는 셋 또는 넷과도 결혼해도 좋으니라. 그러나 그녀들에게 공정할 수 없을 것이라는 염려가 된다면 반드시 한 여성만 두라. 혹은 너희 오른손이 소유한 여인과 결혼하라. 그것이 너희를 부정으로부터 보호해 주는 것보다 적합한 것이라."(4:3)

수많은 무슬림 학자들이 코란의 이 구절을 일부일처제에 대한 분명한 근거로 인정한다. 이 구절에 따르면, 한 남성은 실질적으로 한 여성만 필요하다고 볼 수 있기 때문이다. 이에 따라 무슬림은 점차 일부일처제를 도입하게 되었다.

한편 여러 명의 아내를 둔 무슬림 남성들은 코란의 내용을 지키기 위해 노력해야 했다. 남편이 모든 아내에게 똑같이 살림살이와 돈을 주고 똑같이 시간을 보내는 것이다. 그러려면 남편은 어느 정도 재산을 갖고 있어야 하는데, 여러 아내를 둔 대부분의 남성들은 그만큼의 재산을 갖고 있지 않았다.

게다가 여러 아내를 맞이하는 것은 겉으로는 여러 여성을 돌보는 것이지만, 사회적인 관점에서 보면 남성의 욕망과 성향에 따른 것이었다. 이런 결혼 관계는 불평등한 상황을 일으키기에 충분하므로 코란은 매우 현실적으로 이야기한다.

"너희가 최선을 다한다 해도 절대로 아내들을 공평하게 할 수 없으리라, 그러나 한 부인에게 치우쳐 다른 부인들을 매달린 여인처럼 만들지 말라. 만일 너희가 화해하고 하나님을 공경한다면 하나님으로부터 관용과 자비가 있을 것이라."(4:129)

한시적으로 하는 '쾌락의 결혼', 무타

시아파는 한시적으로 하는 결혼인 '무타'를 인정한다. 무타는 아랍어로 '임시'를 뜻하지만, 본래는 '즐긴다'는 뜻이다. 이 임시 결혼에도 역시 계약을 맺어야 한다. 처음부터 결혼 기간, 지참금, 심지어 성관계 횟수 까지도 정한다. 무타에서 생겨난 아이는 부부의 아이로 여겨 유산을 상속받을 권리가 있다.

시아파가 이런 임시 결혼을 허용하는 것은, 젊은이들이 성행위를 음란하다고 생각하지 않고 즐기도록 한 것이다. 자유로운 임시 결혼은 젊은이에게 성생활을 허용하는 동시에 파트너를 바꿔 볼 수 있게 한다.

하지만 무타는 만만치 않은 비판을 받아 왔다. 이란의 대표적인 이슬람 사상가 아야톨라 모르테자 모타하리(1920~1979년)는 자신의 책《이슬람에서 여성의 위치》에서 이미 성욕을 절제할 줄 알게 된 젊은이들에게조차 무타는 그들이 감당할 수 없는 큰 책임을 요구한다고 비판한다. 한편, 이러한 임시 결혼 또는 즐기기 위한 결혼은 이슬람의 매춘 금지를 오히려 무용지물로 만든다. 매춘을 위해 임시로 1시간 동안만 결혼할 수 있기 때문이다.

시아파를 믿는 이란에서는 무타가 합법이고 실제로도 자주 일어나지만, 수니파를 믿는 사우디아라비아에서는 무타를 매춘과 같은 것으로 여겨 금지하고 심지어 법으로 처벌한다.

이슬람에서의 이혼

코란은 부부가 결혼 생활을 지켜내는 것을 중요하게 여긴다. 부부 사이에 다툼과 배신이 있을 때 어떻게 해야 화해할 수 있는지 아주 구체적으로 서술하고 있다.

"만일 한 여성이 남편의 부당한 대우와 냉대를 두려워할 때 그 둘 사이의 화해는 죄가 아니며 화해가 최선의 방책이라."(4:128)

코란은 또 다음과 같이 명령한다.

"순종치 아니하고 품행이 단정치 못하다고 생각되는 아내에게는 먼저 충고를 하고, 그 다음으로는 잠자리를 같이 하지 말 것이며, 더 이상 구제할 수 없을 때에는 각자의 길을 가라. 그러나 다시 순종할 경우는 그들에게 해로운 어떠한 수단도 강구하지 말라."(4:34)

여기에서 '더 이상 구제할 수 없을 때에는 각자의 길을 가라'라는 말은 아내의 행동이 고쳐지지 않으면 헤어지라는 의미로 읽힌다. 하지만 이 문장은 아랍어로 '행동이 고쳐지지 않으면 아내를 때려라'라는 말로도 풀이가 되어 부부 사이의 갈등을 해결하는 데에 무엇을 말하려고 하는지 잘 알 수 없기도 하다.

여성이 결혼 생활에서 물질적으로나 감정적으로 아내로서의 대접을 충분히 받지 못한다고 생각하면 이혼을 요구할 수 있다. 결혼계약서의 조항 가운데 한 가지 조항이라도 계약을 위반하고 있다면 이슬람 법률에서 이혼의 충분한 근거가 된다. 무함마드 시대에는 남성만 이혼할 권리를 가졌기 때문에 코란은 남성이 횡포를 부리지 못하도록 개입했다. 당시에는 남편이 아내를 쫓아내고, 자기들이 원할 때 다시 아내를 들이는 일이 흔했다. 이것은 여성에게 경제적으로나 감정적으로 매우 견디기 힘든 일이었다.

이슬람에서 여성은 이혼한 뒤에 재혼하기까지 석 달 동안 월경을 기다려야 한다. 이는 여성이 임신했을 때 누가 아이의 아버지인지, 누가 아이의 양육을 책임져야 하는지 알기 위해서이다.

남편과 아내 양쪽 모두에게 결혼 생활을 끝나게 하는 원인은 부부 관계를 벗어난 성관계, 곧 간통이다. 이는 부부 관계에서 신뢰를 깨뜨리는 것으로 여긴다. 하지만 샤리아 법에 따라 간통을 증명하는 것은 매우 까다롭다.

무슬림 인구가 월등히 많은 나라들에서는 간통을 매우 엄격하게 처벌한다. 간통은 네 사람의 증인이 간통 행위를 증언해야 인정된다. 그러나 네 사람이 통일된 증언을 하는 것이 쉽지 않다. 왜냐하면 코란은 다음과 같이 거짓 증언을 할 경우에도 엄한 처벌을 받기 때문이다.

"순결한 여성들을 중상하는 자들이 네 명의 증인을 세우지 못할 경우 그들에게 여든 대의 태형을 가하되 그들의 증언도 수락해서는 아니 되나니 이들은 사악한 죄인들이라."(24:4)

간통을 증명하지 못해도 부부는 헤어질 수 있다. 코란은 간단한 해결책을 제시했다. 부부가 모두 진실을 말한다고, 그리고 진실을 말하지 않으면 신의 저주를 받을 것이라고 맹세함으로써 결혼은 무효가 된다.

코란이 전하려는 내용은 이것이다. 결혼에서 중요한 것은 상대방을 존중하는 것이며, 상대방을 통제하지 않고 그만의 자유를 인정해 주는 것이란 말이다. 부부에게 상대방을 통제하도록 강하게 요구하는 환경이라면, 코란은 오히려 통제를 권하지 않는다. 좋은 부부 관계란 상대방을 통제함으로써 유지할 수 있는 것은 아니기 때문이다.

강제 결혼과 아동 결혼

강제 결혼은 신랑과 신부가 스스로 결정하지 못하고 강제로 이루어지는 것을 말한다. 강제 결혼의 희생자는 주로 여성이다.

강제 결혼과 양쪽 집안이 합의해서 하는 결혼은 구별된다. 합의해서 하는 결혼이 강제 결혼일 수도 있지만 항상 그런 건 아니다. 남성과 여성이 결혼을 할지 안 할지 스스로 결정할 수 있으면 그 결혼은 문제가 되지 않는다. 중요한 것은 신랑 신부 모두 이러한 결정을 내리기에 충분히 성숙하고 이 결정이 의미하는 바를 이해하고 있어야 한다는 것이다.

일정한 나이가 되지 않은 아이를 결혼시키는 것은 원칙적으로 강제 결혼이며 인간의 존엄성을 크게 훼손한 것이라고 볼 수 있다. 일정한 나이가 몇 살인지 규정하기는 어렵다. 성숙이 빠른 아이도 있고 느린 아이도 있기 때문이다. 결혼 가능 연령에 대한 규정은 나라마다 다르다. 나라마다 성년이 되는 나이를 정하고, 남녀 모두 성년이 되어야 결혼할 수 있도록 정하기도 한다.

그렇지만 여자아이들에게 결혼을 강요하는 전통은 오늘날에도 많은 문화권에서 볼 수 있다. 강제 결혼은 대부분 가난 때문에 벌어진다. 딸이 결혼하면 부모가 더 이상 딸을 키우지 않게 되므로 경제적 부담이 줄어든다. 또 딸을 결혼 시킴으로써 가족은 마을 공동체 안에서 안전을 보장받기도 한다.

강제 결혼은 하나의 징계 방법이 되기도 한다. 부모들은 자식이 '비뚤어진 길'로 빠질 우려가 있을 때 강제 결혼을 시킨다. 자식이 결혼을 함으로써 배우자와의 사이에 생기는 책임과 확신 때문에 비뚤어지는 것을 막을 수 있다고 여기는 것이다.

또 아주 현실적인 이유로 이루어지는 강제 결혼도 있다. 예를 들어 유럽 국적을 가진 사람과의 강제 결혼은 그 나라로 들어갈 수 있는 입국 허가를 받을 수 있다는 점에서 도움이 된다.

무함마드는 왜 어린 소녀를 아내로 맞이했을까?

무함마드가 가장 사랑했던 아내 아이샤와 결혼할 때 그의 나이는 이미 50세가 넘은 반면, 아이샤는 아주 어렸다고 전해진다. 결혼할 당시의 아이샤 나이가 정확하게 밝혀지진 않았지만, 6살에서 15세 사이로 알려져 있다. 이슬람 신학자들은 아이샤가 9세나 10세에 약혼을 했고, 14세나 15세에 결혼했을 거라고 추정한다.

아이샤의 나이가 몇 살이었든, 이 결혼은 오늘날의 관점에서 옳고 그름을 판단할 수 없다. 오늘날에는 이 나이에 누구와도 섣불리 결혼해서는 안 되고 결혼을 강요받아서도 안 된다. 그렇지만 무함마드가 살던 시대에 아이들은 오늘날 우리가 심리학적으로나 사회학적으로 인식하고 있는 것과 달랐다. 아이는 보호가 필요한 존재로 여겨지지 않았다.

또한 연구자들은 무함마드가 살던 1400년 전에는 사람들의 수명이 지금처럼 길지 않았고, 아이들도 당시의 생활환경 때문에 일찍 성숙했다고 주장한다. 아이들이 집안일을 돕는 것도 당연했다. 어린 나이에 결혼하는 것도 흔했고, 이를 통해 종족 사이의 관계도 돈독해졌다. 또한 자기 자식을 일찍이 누군가와 결혼시키기로 약속하는 것은 특별한 신뢰의 증거로 여겨져서 전쟁을 끝내거나 예방하는 방법이 되기도 했다. 이렇듯 정치적인 동기에서 이루어지는 결혼은 세계 어느 나라의 역사에서도 찾아볼 수 있다.

아이샤는 무함마드가 결혼한 여자 중 유일하게 미혼 여성이었다. 무함마드의 다른 아내들은 모두 미망인이거나 이혼녀였다.

제대로 된 가족의 전제 조건은 개인의 책임감

오늘날 우리는 다양한 가족 형태를 이루고 있다. 무슬림이 대다수인 나라들에서도 마찬가지다. 가족의 형태는 전통적인 대가족과 핵가족, 재혼으로 결합한 부부와 성이 다른 자녀로 구성된 가족, 조각보처럼 여러 인간관계들이 모여 복합적으로 가족적 유대감을 이루어 내는 패치워크 가족, 편부모 가족, 가족이 있지만 혼자 사는 1인 가구 등이 있다.

코란에는 무슬림 가족의 형태를 정의하거나 제시하고 있지는 않다. 오히려 코란은 가족을 분쟁의 조정자이고 의지할 곳이지만 다툼의 근원으로도 여긴다. 이런 생각은 역사에서 여러 번 나타난다.

카빌과 하빌(성서의 카인과 아벨)은 시기 때문에 피비린내 나는 최후를 맞았다. 유수프(요셉)와 그의 형제들의 이야기에서 형제들의 미움을 받은 유수프는 현명하고 사려 깊은 행동으로 자신에게 이로운 결말을 불러 왔다. 부모와 자녀의 갈등은 누흐(노아)와 그의 아들의 이야기에서 볼 수 있다. 또한 이브라힘(아브라함)과 그의 아버지의 이야기, 그 후에 일어난 이브라힘과 그의 아들 사이의 이야기에서도 이러한 갈등을 찾아볼 수 있다. 코란은 다양한 가족사를 통해 인간들 사이에서 일어나는 일반적인 갈등을 보여준다.

한편 코란에는 어머니와 자식의 관계도 상세하게 나와 있다. 어린 무사(모세)를 살리기 위해 무사의 어머니와 누나가 양보와 신중함을 발휘해 서로 도운 이야기에서 이를 볼 수 있다. 코란에서 비중 있게 다루는 유일한 여성, 마리암(마리아)의 이야기에서도 볼 수 있다. 마리암은 그 시대에 엄청난 일을 했는데, 바로 생물학적 아버지 없이 아이를 낳은 것이다.

코란에서나 하디스에서나 가족 내 고정된 역할을 정해 두지는 않았다. 하지만 이슬람에서는 가족의 기능을 위해 개인의 책임을 요구한다. 가족이 제대로 기능하도록 각자 맡은 일에 책임을 지라는 것이다. 코란과 하디스에는 보편타당한 원칙은 물론 상황에 따른 구체적인 규칙에 대해서도 말하고 있다. 사람들은 이 원칙과 규칙에 따라 결정하고 행동해야 한다. 하지만 이런 원칙과 규칙을 제대로 이해하려면 역사적 맥락을 살펴봐야 한다. 모든 규칙이 언제든지, 누구에게나 적용되는 것은 아니다.

코란과 하디스는 남성만 가족의 호주가 될 수 있고 결정권을 가질 수 있다는 전통적인 가부장적 역할 개념으로 이끌곤 한다. 그래서 오늘날 특히 여자아이와 여성은 더 이상 시대에 맞지 않는 이러한 엄격한 기준 때문에 자주 피해를 입는다.

동일한 의무와 동등한 권리

코란에서는 남성과 여성의 차이는 생물학적인 것뿐이라고 이야기한다. 여성은 아기를 낳고 젖을 먹인다. 이슬람 전통에서는 남편과 아이들이 아내와 어머니의 이런 역할을 마땅히 존경해야 한다고 여긴다. 코란에서는 여성이 어머니 역할을 하므로 당연히 부양비를 받아야 한다고 말한다. 이 외에도 무슬림 여성들은 남성과 같은 권리와 의무를 가진다.

- 여성들은 남성과 동등하게 신의 피조물로 여겨진다.
  "사람들이여, 알라를 공경하라. 한 몸에서 너희를 창조하사 그로부터 배우자를 두어 그 둘로 하여금 남자와 여자를 많이 두도록 하셨노라."(4:1)
- 이슬람에서는 인간이 천국에서 쫓겨난 것을 두고 여성에게만 책임을 지울 수 없다고 본다. 코란에 따르면 여성과 남성 모두에게 책임이 있다고 했기 때문이다.
  "그렇게 하여 아담과 하와가 그것을 맛보매 그들의 벌거벗음이 그들에게 나타났더라. 그러자 그들은 천국의 나뭇잎으로 그곳을 가리기 시작했고, 아담은 그의 주님의 명령을 배반했으니 그는 방황하게 되었더라."(20:121)
- 여성도 남성과 마찬가지로 신앙 고백을 하고, 예배를 보고, 금식하고, 종교 구빈세를 내고, 성지 순례를 해야 한다.
- 여성도 남성과 마찬가지로 부모에 같은 의무를 진다. 나이 들고 약한 사람에게도 자기 부모에게 하는 것과 똑같이 대해야 한다.

"주님께서 명을 내리셨노라. 그 분 외에는 아무것도 경배하지 말며 부모에게 효도하라. 부모 중에 한 사람 또는 두 사람 모두가 나이가 들었을 때 그들을 멸시하거나 대꾸하지 말고 고운 말을 사용하라. 그리고 부모에게 공손하고 날개를 낮추며 겸손해하라. 그리고 기도하라. 주여! 두 분에게 은혜를 베풀어 주소서. 그 두 분은 어려서부터 저를 양육하여 주셨습니다."(17:23~24)

- 여성도 남성처럼 가족의 행복을 책임져야 한다. 다만 아랍어로 '남성'을 의미하는 낱말이 '사회에 주요 기둥이 되는 사람', 즉 '집에 돈을 가져오는 사람'이라고 풀이되는 것으로 알 수 있듯이 보통은 남자가 가족 부양의 의무를 진다. 하지만 오늘날엔 여성도 점차 가족을 부양하는 일이 늘고 있다. 따라서 집에서 가족을 돌보는 일이 더 이상 여성만의 의무는 아니게 되었다.
- 여성도 사회에 공동으로 책임이 있다.
- 여성은 죽고 나서 남성과 같은 잣대로 심판받는다.

어린 시절을 특별하게 하라

코란에서는 가족의 일로 어떤 결정을 내려야 할 때 아이들도 참여하게 한다. 앞에서 말한 이브라힘과 그의 아들에 대한 이야기를 예로 들 수 있다.

"아들이 성장하여 이브라힘과 함께 일할 나이에 이르렀을 때 그가 말하길, 내 아들아 내가 너를 제단에 올리라는 명령을 꿈에서 받았는데 너의 생각은 어떤지 알고 싶구나."(37:102)

코란뿐 아니라 이슬람 관습에서도 아이들에게 권리가 있다는 것이 잘 나타난다. 코란에 보면 아이들에겐 젖을 먹을 권리가 있고, 적합한 교육을 받을 권리가 있으며, 형제자매들 사이에서 똑같은 대우를 받을 권리가 있고, 언제나 존중받을 권리가 있다고 되어 있다.

이슬람 법학파 중에서 말리키 학파를 세운 말리크 이븐 아나스는 아이들 옆을 지나갈 때 평화의 인사를 하며 보살폈고, 선지자 무함마드 역시 늘 이를 실천했으며 다음과 같은 잠언도 썼다.

"네 아이들에게 친절히 하라. 그리고 그의 유년 시절을 특별하게 하라."

가족은 만들어지는 것이 아니라 성장하는 것이다. 남성과 여성 모두 가족의 성장 과정에 이바지해야 하고, 그러자면 인내심 외에도 현명함, 존경심, 배려심이 필요하다.

"남자나 여자나 믿는 자들은 모두 서로가 서로를 위한 보호자들이라."(9:71)

살인이 명예로울 수 있을까?

이슬람의 전통적인 가치관을 가진 사람들에게 가족의 가치는 가족의 명예와 긴밀히 연결된다. 이는 '명예살인'이라는 어려운 주제와 관련지어 이야기할 수 있다.

'명예살인'이란 개념은 오해받기 쉽다. 왜냐하면 누군가를 죽이는 일을 명예롭게 여기는 가치관이라고 생각되기 때문이다. 명예살인은 집안의 명예를 떨어뜨렸다는 이유로 가족구성원을 죽이는 관습이다. 가족이 직접 살인에 나서기도 하고 남에게 의뢰하기도 하는데, 희생자는 주로 여성과 여자아이들이다. 왜냐하면 이 '명예'가 특히 여성의 순결하고 단정한 행동을 뜻하는 것으로 굳어졌기 때문이다. 이슬람을 버리거나 다른 종교로 개종을 하는 것이 무슬림 가족의 명예를 떨어뜨리는 행동이라는 것은 잊힐 정도로 말이다.

국제연합(UN)의 통계에 따르면 세계적으로 매년 5000명 이상이 명예살인으로 희생된다고 하는데, 보고되지 않은 숫자를 고려하면 더 많을 것으로 추정된다. 명예를 훼손했다고 해서 항상 살인으로 이어지는 것은 아니다. 때로는 희생자에게 염산을 끼얹어 평생 장애를 안고 살아가야 할 만큼 심한 부상을 입히기도 한다.

독일에서는 2005년에 터키계 이민 2세인 하툰 수루쿠라는 여성이 명예살인으로 목숨을 잃는 사건이 있었다. 하툰 수루쿠는 독일에서 10대 중반에 학교를 그만두고 터키로 가 사촌과 강제로 결혼했다. 오래지 않아 남편과 헤어진 그녀는 독일로 돌아와 아들을 낳았다. 아들을 키우며 생계를 잇기 위해 전기 수리공 교육도 받았다.

수루쿠는 전통적인 이슬람 생활방식을 거부했고, 이슬람 전통 베일도 벗어 던졌다. 이것은 수루쿠 집안에서 볼 때 가문과 이슬람에 도전하는 행위였다. 결국 수루쿠는 이슬람 관습을 따르지 않고 서구화됨으로써 가문의 이름을 더럽혔다는 이유로 그녀의 남자형제 3명에 의해 베를린에서 총살당했다.

이러한 범죄는 비단 무슬림 가족에서만 일어나는 것은 아니다. 명예살인은 사실 세계 곳곳에서 볼 수 있는 현상이다. 인도의 힌두교도들 사이에서도 널리 퍼진 관습이고, 유럽의 기독교 국가에서도 이러한 범죄가 일어난다. 이탈리아 경찰은 지나친 종교적 열정으로 벌어진 살인 사건이 2000년에만 47건이나 된다고 집계했다.

분명 명예살인은 종교와 직접적인 관련이 없다. 기독교와 마찬가지로 이슬람에서도 '명예'가 훼손되었다는 이유로 누군가를 죽이는 것을 허락하는 종교적인 근거는 없다. 오히려 교리적으로 살인을 명백하게 금지하고 있다. 따라서 명예살인은 문화적인 동기에서 비롯된 것이다. 이것은 무엇보다도 남성이 권력을 쥐고 여성을 지배하는 사회, 여성이 동등한 존재로 대우받지 못하고 남성의 소유물로 여겨지는 가부장적인 사회에서 나타나는 현상이다.

그럼에도 불구하고 일부 이슬람 전통에는 명예를 지키기 위해 범죄를 저지르는 것을 정당화하는 사고방식이 있다. 어떤 무슬림은 미풍양속을 지키는 것이 명예로운 일이라 보고, 이를 '종교'라 여긴다. 미풍양속이나 도덕에 어긋나는 행동을 하면 반드시 처벌해야 한다고 믿는다.

순결이나 정조를 잃거나, 간통을 저지른 여성은 그 여성의 부모, 남자 형제, 남편으로부터 처벌을 받는다. 여기에서 처지를 바꾸어 보면, 집안의 명예를 회복하기 위해서 부모, 남자 형제, 남편이 자기 딸, 여자 형제, 아내를 죽이도록 강요당할 수도 있다. 여기에는 엄청난 사회적 압력이 작용하기 때문이다. 명예를 훼손당한 집안은 공동체에서 업신여김을 당하고 쫓겨나기도 한다. 공동체로 돌아올 길은 명예를 회복하는 것뿐이다.

이러한 낡은 관습은 오늘날 어느 법치국가에도 맞지 않고, 당연히 이슬람에도 맞지 않는다.

머리에 베일을 써야 하나, 말아야 하나?

이슬람은 옷차림을 매우 중요하게 여긴다. 심지어는 본질적인 것으로 여긴다. 코란에는 옷차림에 여러 가지 규정을 두고 있는데, 이를 어떻게 풀이하는지에 따라 차이가 있다. 기본적으로 무슬림은 품위가 느껴지도록 단정하게 옷을 입어야 한다. 하지만 단정하다는 개념은 상대적인 것이다. 사람마다 무엇이 단정한 것이고, 무엇이 그렇지 않은 것인지를 두고 견해가 다 다르다.

독일에서 무슬림 여교사가 머리에 베일을 쓰고 수업할 권리에 대해 판결하는 재판이 있었다. 이 여성은 아프가니스탄에서 태어나 독일로 이주해 정규 교육을 받았다. 독일 국적을 가졌고 우수한 성적으로 대학을 졸업했으나 머리에 천을 둘렀다는 이유로 교사로 발령받지 못하자 고소하기에 이르렀다. 그녀는 기나긴 법정 투쟁 끝에 베를린에 있는 이슬람 초등학교 교사로 발령받게 되었다.

그 뒤로 이 사건은 독일에서 무슬림 복장에 대한 토론이 벌어질 때마다 이슈로 등장했다. 무슬림 옷차림을 두고 알라의 계명이기 때문에 반드시 지켜야 한다는 의견부터 오늘날에는 더 이상 필요하지 않다는 의견까지 다양하다. 이때 항상 인용되는 코란의 구절이 있다.

"예언자여! 그대의 아내들과 딸들과 믿는 여성들에게 외출을 할 때는 베일을 쓰라고 이르라. 그렇게 함이 가장 편리하며 그렇게 함으로써 구별되고 시달림을 받지 않도록 함이라."(33:59)

이 구절은 특정한 역사적 배경을 바탕으로 쓰인 것으로, 무슬림 여성임을 확인할 수 있게 해서 이 여성을 성적으로 괴롭힐 생각을 아예 하지 못하게 '표시'하라는 것이다. 다시 말하면 옷차림으로 무슬림 여성을 보호하고자 한 것이다.

하지만 오늘날에는 많은 무슬림 여성에게 더 이상 이러한 보호가 필요하지 않다. 따라서 무슬림 옷차림을 더 이상 할 필요가 없다고 생각하는 여성들은 코란이 베일을 쓰라고 명령했다고 보지 않는다. 반면 또 다른 여성들은 머리에 쓰는 천을 비롯한 무슬림 옷차림을 무슬림으로서 지켜야 할 정체성의 하나라고 여긴다. 그들은 이 코란 구절에 따라 자신이 무슬림임을 나타내고 싶어 한다.

또 다른 구절에는 옷이나 장식품을 자랑하지 말라는 뜻으로 수치스러움과 품위가 어떤 것인지 느끼게 한다. 물론 이런 구절은 남성들에게도 해당된다.

"아담의 자손들이여! 너희들에게 의상을 주었으니 너희의 부끄러운 곳을 가리고 아름답게 꾸미라. 그러나 하나님을 공경하는 의상이 제일이니라. 그것이 곧 하나님의 증표이거늘 그들이 기억하리라."(7:26)

무슬림 옷차림에서도 머리를 가리는 천과 관계된 코란 구절은 여러 가지로 해석될 수 있다. 고전적인 해석에 따르면 여성은 자신의 머리를 가려야 한다. 하지만 코란은 모든 여성이 어떤 압력도 받지 않은 상태에서 스스로 어떤 관점을 따를지 결정하는 것이 가장 중요하다고 말한다. 신앙에 강제성이 있어서는 안 된다는 것이다. 누구나 알라 앞에 설 때 자신을 책임져야 한다.

이슬람 전통으로 내려오는 관습이 옷차림에 영향을 미치지 않을 수 없지만, 오늘날에는 많은 무슬림 여성들이 자신만의 관점으로 새로운 문화를 이끌고 있다. 그럼에도 아직 수많은 무슬림 가족이 여성에게 천을 머리에 쓰라고 요구한다. 무슬림이 오랫동안 그런 옷차림으로 살아왔기 때문이고, 또 딸, 누나나 여동생, 아내가 머리를 가리지 않아 사람들의 입방아에 오르내리는 것이 두렵기 때문이다.

머리에 천을 써야 하는 이유

스타일?

습관?

자기 결정?

전통?

소속?

강요?

그렇다면 무슬림 여성은 몇 살부터 베일을 써야 할까? 전통적으로 여자아이가 성적으로 성숙하자마자, 그리고 결혼할 수 있는 나이가 되자마자 써야 한다고 가르친다. 하지만 이는 기준이 분명하지 않다.

이슬람 교리를 엄격하게 지키는 지역은 여성이 머리뿐만 아니라 몸을 완전히 가리기도 한다. 심지어 앞을 볼 수 있게 눈 부위만 제외하고 얼굴과 온몸을 가리게 하는 곳도 있다. 아프리카 북서부 일대에서는 무슬림 여성들이 눈을 제외하고 얼굴 전체를 덮는 얼굴 가리개인 니캅과 몸 전체를 덮는 길고 검은 색의 히잡을 입는다. 하지만 폭이 넓은 스카프를 쓰거나 아예 쓰지 않는 여성도 있다. 아프가니스탄에서는 눈마저도 망사로 가리고 온 몸을 천으로 덮는 부르카를 입는다. 한편 이란에서

머리에 천을 쓰지 않아도 되는 이유

겸손?

자랑?

믿음?

혁명?

정치?

보호?

는 머리와 몸을 모두 덮는 커다란 천인 차도르를 입는다.

몸 전체를 넓은 천으로 가리도록 강요당하는 여성들은 감옥에 간힌 것만 같을 것이다. 이러한 관습은 이슬람 교리에서 비롯되었다기보다는 무슬림 특정 집단과 단체, 국가에서 해석한 것이라고 볼 수 있다.

수염을 꼭 길러야 할까?

무슬림 여성이 머리와 얼굴을 가려야 할지 말지의 논쟁만큼 무슬림 남성이 꼭 수염을 길러야 하는지의 문제도 자주 거론된다. 코란에는 수염을 다루고 있지 않다. 무슬림 중에는 수염을 길렀던 선지자의 전통을 따르는 사람도 있다.

하디스에 '콧수염은 짧게 자르고 턱수염은 자라게 놔두어라. 이를 통해 너희를 무슬림이 아닌 자들과 구별하라.'라는 말이 있기는 하다. 그래서 그런지 많은 무슬림이 수염을 민 남자는 남자답지 않다고 여긴다. 수염은 여성과 남성을 분명하게 구별하는 특징이라고 생각한다.

오늘날 무슬림 남성이 수염을 기르거나 깨끗하게 면도를 하거나 모두 개인의 결정에 달려 있다. 이슬람이라는 종교가 어떤 규정을 두고 있지는 않다는 것이다.

8. 이슬람 전통에서 자연과학이 꽃핀 까닭은 무엇일까?

우주와 자연에 눈을 돌리게 하는 신앙

학문과 연구는 무함마드 시대부터 있었던 이슬람의 오랜 전통이다. 지브릴 천사가 무함마드에게 했던 명령인 '이크라'라는 아랍어는 '읽다'라는 뜻뿐만 아니라 '연구하다'라는 뜻도 있다. 그 때문에 이 첫 번째 계시는 학문과 연구에 애쓰라는 지시로 풀이된다.

많은 무슬림은 천지만물을 살피라는 코란의 지시를 매우 진지하게 받아들였다. 초기 이슬람 시대에 사람들은 코란 절들을 글자 그대로 받아들이지 않고 의미를 찾으려고 노력했다. 계시에 대해 깊이 생각하라는 코란 구절이 있기 때문이다. 이렇게 코란은 오늘날까지 그 자체만으로도 연구 대상이 되어 왔다.

알라는 인간들에게 통찰력을 발휘해 자신의 주변 환경과 자연을 연구하라고 했다. 그래서 이슬람권에서는 이미 오래전부터 수많은 책이 쓰였고 학설이 생겨났다. 이슬람의 수많은 책과 학설은 이슬람권이 아닌 세계에도 큰 관심을 보이고 있다.

유럽에서는 '아비센나'로 알려진 의사, 이븐 시나(980~1037년)는 《의료법》이라는 책을 썼다. 라틴어로 '의학의 고전'이라고 번역되는 이 책은 17세기까지 유럽에서도 가장 중요한 의학 교과서로 통했다. 알파라비(870~950년)는 철학과 음악 이론 분야에서 눈여겨볼 만한 인물이다. 그는 아리스토텔레스나 플라톤의 그리스 철학에 정통했고, 이를 아랍어로 번역했다. 유럽에서 '아베로에스'라고 불리는 철학자 이븐 루시드(1126~1198년) 역시 자신의 논리를 덧붙인 철학을 발전시켰다.

이슬람 학자들의 학문과 연구는 중세 시대부터 유럽의 철학과 과학에 엄청난 영향을 미쳤다. 서구와는 반대로 이슬람 문화에서는 코란과 과학 사이에 모순이 거의 없었다. 오히려 특정 코란 구절이 과학 지식과 다른 경우엔 코란을 우선해서 해석하거나 전혀 다른 맥락으로 해석해 기존과 다른 결론을 이끌어냄으로써 더 많은 과학 지식을 발견했다.

"왜 그들은 코란을 주의 깊게 살펴보지 않느뇨? 만일 그것이 알라가 아닌 다른 것으로부터 왔다면 그들은 그 안에서 많은 모순을 발견했으리라."(4:82)

한 가지 흥미로운 것은 모든 별이 각자 궤도를 따라 움직인다는 코란 구절이다.

"알라께서는 낮 다음에 밤이 오게 하고 밤 후에는 낮을 오게 하시며 태양과 달을 당신의 법칙에 따르게 하시니 모든 것이 제 운행을 하고

있음을 너희는 알지 못하느뇨? 실로 알라께서는 너희가 알고 있는 모든 것을 아시니라."(31:29)

여기서 '태양과 달은 둘 다 자기 궤도를 돈다'는 뜻의 '태양과 달이 제 운행을 하고 있음'의 아랍어 구절은 바르게 읽으나 거꾸로 읽으나 의미가 같다. 앞에서 읽든 뒤에서 읽든 뜻이 같은 문장이라는 것이다. 이 구절의 내용과 언어적 형태는 놀라울 정도로 맞아 떨어진다.

이로부터 무슬림은 지구가 평평한 판도 아니고 우주의 중심, 즉 태양계의 중심에 있지도 않으며, 지구가 태양을 중심으로 돈다는 결론을 8세기에 이미 이끌어 냈다. 당시 이것은 혁신적인 발견이었다. 왜냐하면 많은 학자들이 지구가 우주의 중심에 있다고 믿었기 때문이다. 오늘날 수많은 무슬림이 이런 과학적 업적을 아주 자랑스럽게 이야기하지만 이 눈부신 학문적 전통이 지속적으로 발전하지 못했다는 점은 자주 잊어버린다.

코란에서 자연과학 현상을 기록한 또 하나의 예는 대기 중에 일어나는 물의 순환이다.

"알라께서 바람을 보냄은 그 분의 은혜로 비를 보내는 징조라. 그것이 무거운 구름을 동반하니 그 분은 그것을 불모지로 유도하여 그곳에 비를 내리게 하사 그것으로 모든 종류의 열매를 수확하게 함이라. 이렇듯 알라는 죽은 자를 부활하게 하시나니 너희들은 상기할 것이라." (7:57)

이슬람의 사유 방식은 연구자가 자유롭게 연구하고 학설을 세울 수 있지만, 알라의 창조물에 대해 존경심을 가지고 접근해야 한다. 초기 이슬람 시대 무슬림은 자유롭게 생각하고 마음껏 연구하면서 인류에게 이로운 연구 결과를 냈다.

사물에 관한 궁금증을 질문하고 토론하는 일은 당연한 일이었다. 지식 탐구를 절대 멈춰서는 안 되었다. 예전 학자들이 연구한 것과는 다른 결과가 나올 수도 있다는 두려움 때문에 이전 시대의 연구 결과에 만족해서는 안 된다는 말이다. 그렇게 되면 전통은 쇠퇴하게 되고, 사람들은 '읽어라', '연구하라', 혹은 '스스로 생각하라'고 하는 코란의 첫 번째 명령에서 점점 멀어지게 된다고 생각했다.

종교적 전통과 관습이 뒤섞인 '악마의 눈'

독실한 무슬림의 삶에서 이슬람의 관습과 전통은 매우 중요하다. 이슬람의 종교적 전통에는 미신적인 요소도 있다. 그중 '악마의 눈'이 그렇다. 악마의 눈은 하디스에 나와 있다. 질투와 분노에 찬 사람은 다른 사람을 악마의 눈으로 볼 수 있다고 한다. 악마의 눈에 희생된 사람은 갑자기 몸이 아프거나 다치거나 질투의 대상이 된 특성을 잃는다고도 한다.

어떤 하디스에는 무함마드의 말을 인용하여 악마의 눈을 가진 자들은 목욕할 것을 권한다. 악마의 눈을 가진 사람은 세정 의식을 해야 하는데, 이 세정 의식은 몸뿐 아니라 영혼까지 깨끗하게 해서 악마의 눈이 해를 끼치지 못하게 한다는 것이다.

한편, 악마의 눈으로부터 자신을 보호할 방법이 있다. 무함마드가 가장 사랑하는 아내 아이샤에게 했던 말을 기록한 하디스에 나와 있다. 여기에서 무함마드는 악마의 눈에 대항해 회복 기도를 하라고 했다. 회복 기도는 여러 코란 구절에 나와 있다. 악한 기운을 막기 위해 정해진 절차와 반복 횟수를 지켜 이 코란 구절을 읽어야 한다.

악마의 눈이나 이와 비슷한 불행을 피해 가려면 다음 두 개의 코란 장을 규칙적으로 낭송해야 한다.

"일러 가로되 동녘의 주님께 보호를 구하며, 창조된 사악한 것들의 재앙으로부터 보호를 구하며, 어둠이 짙어지는 밤의 재앙으로부터 보호를 구하며, 매듭으로 마술을 부리는 자들의 재앙으로부터 보호를 구하며, 시기하는 자의 재앙으로부터 보호를 구하노라."(113:1~5)

"일러 가로되 인류의 주님께 보호를 구하고, 인류의 왕이며 인류의 신에게 인간의 마음에 도사리는 사탄의 재앙으로부터, 인간의 가슴속에서 속삭이는 사탄의 유혹으로부터, 진과 인간의 유혹으로부터 보호를 구하노라."(114:1~6)

이것은 무슬림의 전통이 되어 아이들까지도 나쁜 일을 막기 위한 예방약으로 생각하고 이 코란 구절을 암송한다. 또한 갓난아기와 아이들의 침대 밑에 소형 코란을 놓는 관습도 있는데, 이 역시 불행한 일을 막기 위한 것이다.

널리 알려진 미신으로는 악마의 눈으로부터 자신을 지키기 위한 부적인 '파티마의 손'이 있다. 이것은 손 모양의 부적으로, 아랍어로는 '함사'라고 한다. 함사는 힘과 행운의 숫자인 5를 뜻하기도 한다. 손 모양은 무함마드와 첫 번째 아내 카디자 사이에서 태어난 딸 파티마에게서 온 것이다.

파티마의 손에는 가운데에 커다란 눈이 그려져 있다. 이 부적이 이슬람 민간 신앙에서 악마 '진'과 각종 재앙으로부터 보호해 준다고 믿는다. 파티마의 손은 부적을 비롯해 건물의 외벽, 책, 문장, 은장식, 자동차 액세서리에 이르기까지 이슬람 세계 곳곳에서 볼 수 있다.

이와 비슷한 것으로 터키에서 자주 볼 수 있는 '나자르본주'가 있다. 파랑색 바탕으로 된 유리에 눈모양이 그려진 부적으로 악마의 눈으로부터 보호해 준다.

논쟁을 뛰어넘는 '음악의 힘'

코란에서 음악을 금지했는지 아닌지를 두고 이슬람 학자들은 수백 년 동안 논쟁을 벌여 왔다. 이에 따라 음악에 대한 다양한 견해가 생겨났다. 음악을 완전히 금지해야 한다는 의견부터 음악이 이슬람의 가치를 거스르지 않는 한 허락해야 한다는 의견까지 다양하다.

이슬람에서 음악에 대한 논쟁이 이루어지면서 가장 많이 제기된 물음은 '음악이 과연 종교적, 사회적 의무를 지키는 데 방해가 되는가?'라는 것이다. 그런데 이 질문은 본질적으로 종교적, 사회적 의무를 지키는

데 영향을 미치는 모든 것에 해당된다. 예를 들면 스포츠 활동, 쇼핑을 하며 돌아다니는 것, 특별한 용건 없이 길게 통화하는 것, 몇 시간 동안 인터넷 검색을 하는 것 등이고, 여기에 음악도 들어간다.

두 번째로 많이 제기된 질문은 노래의 내용이나 가사가 차별적인 요소를 담고 있거나 비방하는 내용인지, 또는 폭력을 미화하는 내용인지에 대한 것이다. 이러한 기준은 시와 책, 신문, 영화 등에도 적용된다.

음악을 반대하는 사람들은 특정 코란 구절을 인용하면서 음악을 금지하는 것으로 해석한다. 예를 들면 이런 구절이다.

"그래도 너희는 코란에 대하여 조롱하고 있느뇨. 너희는 조롱만 할 뿐 울지 않고 시간을 헛되이 보내고 있노라. 알라 앞에 엎드려 그 분만을 경배하라."(53:59~62)

"그러나 사람들 중에는 쓸모없는 이야기로 알라의 길을 탈선케 하거나 그것을 조롱하는 자들이 있나니 저들은 굴욕적인 벌을 받게 될 것이라."(31:6)

그런데 이 코란 구절들이 음악을 금지한다고 결론지을 수 있을까? 이런 결론을 이끌어 내려면 코란 구절을 매우 폭 넓게 해석해야 한다. 항상 그래 왔듯이 코란에 음악과 춤을 직접적으로 금지한 내용은 없다. 오히려 코란에 이런 구절이 있다.

"일러 가로되, 종들을 위하여 알라께서 지으신 당신의 장식품과 깨끗한 이 양식을 누가 금지하느뇨? 일러 가로되 그것들은 현세에 살면서 믿음을 갖고 심판의 날을 믿는 자들을 위한 것이라. 이렇게 나는 이성을 가진 자들을 위해 증표를 설명하니라."(7:32)

따라서 음악은 금지되지 않았다고 볼 수 있다. 이슬람 공동체 안에서는 다양한 음악 형식이 발전했다. 예배의 시작을 알리는 외침과 코란 낭송부터 종교음악, 민속음악, 현대 대중음악에 이르기까지 다양하다.

사실 음악을 금지하는 것은 주로 춤을 금지하는 것과 관련이 있다. 대부분의 남녀 무슬림들은 공공장소에서 리듬에 맞춰 움직이는 것을 부도덕하다고 여긴다. 하지만 남성과 여성이 따로 떨어져서 춤을 춘다면 금지하지는 않는다.

이미 이슬람 초기 시대인 7, 8세기에 서정적인 음악을 만든 뛰어난 예술가들이 있었다. 이는 이후 중세 시대에 나타난 가수들에게 영향을 미쳤다. 8세기부터 15세기까지 무슬림이 오늘날의 에스파냐 남쪽에 있는 안달루시아 지역을 지배했을 때, 그들의 음악은 유럽에 커다란 영향

을 미쳤다. 기타나 플루트 같은 많은 악기들이 원래는 동양에서 온 것이다. 그중에서 세로로 부는 네이 피리도 있다.

네이 피리는 이슬람 신비주의인 수피즘의 대표적인 악기인데, 금욕을 추구하는 많은 종교 공동체에서 사용되고 있다. 네이 피리는 주로 수피 수도자 데르비시의 사마 의식에서 사용한다. 사마 의식은 수도자들을 황홀경으로 이끌어 알라와 하늘에 좀 더 가까워지는 무아지경에 도달하려 의식이다. 음악과 함께 원을 그리며 빙빙 도는 동작을 반복한다.

데르비시가 의식을 시작할 때 입는 검은 옷은 무덤을 뜻한다. 축복 기도를 하고 나서 교주에 의해 검은 옷이 벗겨지고 나면 데르비시는 긴 예복을 입고 네이 피리 소리에 따라 빙빙 돈다. 이때 오른쪽 손바닥은 알라의 축복을 받기 위해 위로 하고, 왼쪽 손바닥은 세상에 알라의 축복을 전달하기 위해 아래로 한다.

아랍 음악을 대표하는 가장 유명한 인물은 1975년에 사망한 이집트 가수 움 쿨숨이다. 최근 이슬람 대중음악은 점점 널리 퍼지고 있다. 이슬람 대중음악은 종교적인 내용에 현대 대중음악의 멜로디와 노래를 결합시켰다.

'캣 스티븐스'라고 불리는 유수프 이슬람(본명은 스티븐 드미트리 조지우)과 사미 유수프(영국 런던 출신의 싱어송 라이터) 같은 무슬림 음악가, 아웃랜디시(덴마크 출신의 힙합 그룹)나 네이티브 딘(미국 출신 음악 그룹) 같은 그룹이 종교와 음악 간의 해묵은 갈등을 해결해 주었다. 그리고 전 세계에 이들의 음악을 즐기는 거대한 팬클럽이 생겨났다.

그림 금지, 신성모독과 표현의 자유 사이에 놓이다

비록 코란에 그림을 금지하는 내용은 없지만, 이는 오늘날까지도 유효하게 지켜지고 있다. 많은 선지자들이 하디스에서 그림에 혐오감을 나타냈다. 하지만 여기에서도 그림을 그리거나 보는 사람들에게 벌을 준다는 내용은 없다.

그림을 두고 이슬람에서 오랜 세월 토론을 거쳐 내놓은 견해들은 다음과 같다.

- 견해 1 : 해당 예술작품이 숭배를 위한 것이 아니라면 알라만을 숭배해야 한다는 가르침에 위배되지 않기 때문에 작품 활동은 원칙적으로 금지되지 않는다. 단, 알라를 그림으로 표현하는 것은 금지된다. 왜냐하면 알라의 존재와 특징은 우리 인간이 이해할 수 없는 것이고, 따라서 묘사할 수도 없기 때문이다. 이것은 이브라힘의 이야기에서 이브라힘의 아버지와 그의 추종자들이 우상 숭배 때문에 비난받은 부분에서 분명하게 볼 수 있다.
- 견해 2 : 대상을 그림자처럼 재현하는 것, 예를 들면 조각상은 금지된다. 종이나 벽, 섬유 제품에 이런 그림을 그리는 것은 금지되지는 않았지만 기피 사항이다.
- 견해 3 : 인간이든 동물이든 살아 있는 것을 표현하는 것은 우상 숭배로 여겨 원천적으로 금지된다.

이 모든 견해는 무함마드가 말한 하디스를 근거로 한다. 그림을 금지하기 위해 가장 자주 인용되는 하디스는 다음과 같다.

"누구든 이 세상에서 그림을 그리면, 그 벌로 부활의 날에 그 그림에 자기의 영혼을 불어 넣으라는 명령을 받게 되는데, 그는 그 일을 할 수 없을 것이다."

이 벌은 무슬림에게 겁을 주었고, 이슬람 문화에도 강한 영향을 미쳤다. 그 결과 글씨를 아름답게 쓰는 캘리그래피와 장식적인 문양들이 아주 높은 수준으로 발전했다.

그림 그리는 것은 금지됐지만, 그것이 완벽하게 지켜진 적은 없었다. 무언가를 그림으로 표현하는 것 역시 이슬람 예술에서 오래된 전통이다. 대표적으로 옛 오스만과 페르시아의 세밀화를 들 수 있다. 페르시아어로 세밀화는 '가벼운 죄'를 의미한다. 칼리파 무아위야 1세(661~680년) 시대에는 동전에 통치자를 그려 넣었다. 항상 그런 건 아니지만, 화폐에서 선지자들은 대부분 베일에 가려져 하늘의 불꽃을 왕관처럼 쓴 모습으로 표현되었다.

2005년 덴마크 신문 〈윌란스 포스텐〉은 무함마드가 머리에 폭탄 모양의 터번을 한 채 천국에 도착하는 자살 폭탄 테러리스트를 환영하는 모습으로 묘사한 만평을 실어 논란을 일으켰다. 이로 인해 그림을 금지하는 이슬람의 종교적 금기가 다시금 세계적으로 화제가 되었다. 무슬림 단체의 항의가 빗발치자 〈윌란스 포스텐〉은 사과문을 게재했다. 그러나 유럽 여러 나라의 신문들이 해당 만평을 실으며 이슬람의 종교적 금기보다 언론의 자유가 우선되어야 한다고 주장하고 나섰다.

그 뒤로 프랑스 풍자 주간지 〈샤를리 에브도〉는 여러 차례 무함마드 만평을 게재하며 이슬람권의 큰 저항을 받아 왔다. 급기야 2015년 1월 〈샤를리 에브도〉 사무실에 테러리스트들이 침입하여 총기를 난사해 편집장을 비롯해 12명이 사망하는 사건이 발생했다. 이 테러는 무함마드 만평에 대한 이슬람 극단주의자들의 보복 테러로 알려졌다. 이때에도 세계적으로 표현의 자유를 주장하는 사람들과 종교를 모욕하는 자유까지는 허용할 수 없다는 사람들 사이에 뜨거운 논쟁이 벌어졌다.

9. 이슬람은 왜 다른 종교에 너그러워 보이지 않을까?

비판적 사고를 바탕으로 하는 이슬람

이슬람의 역사에는 17, 18세기에 유럽이 겪었던 계몽주의 시기가 없다. 그래서 이슬람이 그만큼 발전하지 않았다는 의견이 지배적이다. 이성, 이해, 자연과학, 자유로움, 관대함 같은 말은 모두 계몽주의 시대를 거친 유럽 국가들의 슬로건이었다. 독일의 철학자 임마누엘 칸트는 이 슬로건을 다음과 같은 문장으로 표현했다.

"계몽이란 인간이 자신이 책임져야 하는 미성숙에서 탈출하는 것이다."

하지만 코란은 인간이 이성적이고 성숙하며 정중하고 너그럽게 행동하는 법을 배워야 한다고 말하고 있으므로, 이런 계몽의 의미는 코란에 이미 나타나 있다고 할 수 있다. 무슬림은 이성적으로 즉, 논리적인 사고로 각자 자신의 신앙을 깨달아 가야 한다. 이것이 바로 코란이 무슬림에게 항상 당부하는 골자이다.

이미 이슬람 초기부터 수많은 신학적인 흐름이 나타났고, 다양한 법률학파가 생겨난 것을 보면 처음부터 논쟁이 있었다는 사실을 알 수 있다. 종교적 권위를 세우려고 독단적이고 성숙하지 못한 태도를 보이는 것은 코란의 사상과도 맞지 않는다. 오히려 학자들은 다양한 코란 주해를 검토하고, 코란 주해가 논리적이고 이해할 수 있는지 살폈다. 따라서 유럽에서와 같은 계몽 정신이 이슬람 세계에서는 필요하지 않았다. 왜냐하면 비판적인 사고를 바탕으로 의문을 가지는 것은 이슬람이 항상 요구해 온 자세이기 때문이다.

코란에 따르면, 어떤 뛰어난 사상이라도 자신만이 유일한 진리라고 고집하는 경우는 없다. 절대적인 진리를 말할 수 있는 것은 오직 알라뿐이다. 그러므로 인간의 깨달음은 항상 달라질 수 있고, 특정 학파를 따르는 제자들 역시 때에 따라 다르게 결정할 수 있다. 왜냐하면 이슬람 전통에서는 어떤 것이 틀렸다고 단정하지 않기 때문이다. 아부 다우드의 하디스에는 이런 말도 있다.

"(틀린) 합의를 이끌어 내려는 사람은 우리에게 속한 사람이 아니다. (틀린) 합의에 맞서 싸우는 사람도 우리에게 속한 사람이 아니다. 그리고 그 (틀린) 합의를 위해 목숨을 바치려는 사람도 우리에게 속한 사람이 아니다."

자연과학 분야에서 이슬람의 신앙과 학문적인 지식이 서로 모순되는 내용은 거의 없다. 이슬람에서는 별 의미 없는 주제가 유럽 계몽주의에서는 커다란 쟁점이 되기도 했다.

다른 종교와 사상에 관용적인 자세를 가지는 것은 계몽주의의 중요한 원칙에 속한다. 이에 대한 코란의 입장은 분명하며 신앙의 다양성을 인정하라고 명령한다. 그렇다면 코란의 관용적인 자세는 신도들의 전도에 대한 열정과 어떻게 조화를 이룰까?

이슬람으로의 초대

이슬람의 선교에는 두 가지 형태가 있다. 하나는 이슬람 공동체 안에서 하는 선교로서, 신도를 이슬람 공동체 내에서 가르치거나 더 이상 믿음을 가지려고 하지 않는 사람들을 되돌려 다시 믿게 하는 것이다. 다른 하나는 신을 아예 믿지 않거나 다른 종교를 가진 사람들에게 선교하는 것이다.

선교가 무슬림의 의무 사항인지에 대해서는 여러 가지 의견이 있지만, 무슬림은 적어도 자신의 신앙에 대해 긍정적으로 이야기해야 한다. 이를 '초청' 또는 '이슬람으로의 초대'라고 한다. 이는 누군가가 무슬림이 될 때까지 이슬람에 대해 설명한다기보다 스스로 자신의 신앙을 확실하고 진실하게 보여준다는 데 의의가 있다.

무슬림 중에는 이슬람만이 진정한 종교라고 믿고 이를 다른 사람들에게 적극적으로 알려서 신앙으로 믿도록 설득하는 것이 '이슬람으로의 초대'라고 말하는 사람들도 있다. 일부 무슬림들은 자기가 알라로부터 적극적인 전도의 사명을 받았다고 느끼기까지 한다.

하지만 코란은 무슬림에게 이슬람이 유일신 알라에게로 이끄는 종교라는 사실을 다른 사람들에게 지혜롭고 긍정적으로 표현할 것을 요구한다. 코란의 다음 구절을 참고할 필요가 있다.

"지혜와 아름다운 설교로 모두를 주님의 길로 초대하고 가장 훌륭한 방법으로 대하라. 실로 주님께서는 당신의 길을 벗어난 자를 잘 알고 계시며 바른 길로 가는 자도 잘 알고 계시니라."(16:125)

코란은 또 누구든지 무슬림으로 만들려고 하는 열성적인 신자들에게 그렇게 하지 말라고 분명하게 말한다. 코란은 무슬림이라면 마땅히 다른 종교를 믿는 사람을 존중해야 한다고 분명하게 밝힌다. 따라서 어느 누구도 이슬람 신앙이나 특정한 삶의 방식을 강요받아서는 안 된다.

믿는 자들은 한 형제라!

원래 이슬람은 다른 종교 공동체에 열린 마음을 갖고 있다. 그리고 '믿는 사람'이 무슬림만을 뜻하는 것이라고 생각하지 않는다.

"믿는 자들은 한 형제라. 그러므로 싸우는 너희 두 형제 사이를 화해시키며 알라를 두려워하라. 그리하면 너희가 은혜를 받을 것이니라."(49:10)

다른 종교 공동체는 이슬람보다 먼저 생긴 것인지, 나중에 생긴 것인지에 따라 우선적으로 나뉜다.

이슬람보다 오래된 종교

유대교와 기독교는 '성서의 백성들'이고, 이슬람처럼 신으로부터 기록으로 된 계시를 받은 공동체이다. 이슬람에서는 유대교는 선지자 무사(모세)를 통해 받은 토라와 선지자 다우드(다윗)를 통해 받은 시편을 계시로 받았고, 기독교는 복음서를 계시로 받았다고 여긴다.

코란은 다른 종교의 계시와도 분명히 관련이 있다. 종교를 가진 사람들은 신이 자기들에게 계시한 것을 따라야 하고 '위에서 내려온 임무'를 진지하게 받아들여야 한다.

"일러 가로되 성서의 백성들이여! 너희가 구약과 신약과 너희 주님으로부터 계시된 것을 준수할 때까지 너희는 아무런 안내를 받지 못할 것이라."(5:68)

신은 인간이 어떤 종교 공동체에 속해 있든 모든 인간의 행동을 판단한다.

"코란을 믿는 자들이나 유대인들이나 기독교 교인들이나…(중략) 알라와 내세를 믿고 선행을 행하는 자들이라면 누구를 막론하고 주님으로부터 보상을 받을 것이며, 그들에게는 두려움도 슬픔도 없을 것이라."(2:62)

이슬람보다 나중에 생긴 종교

코란은 어떤 종교가 다른 종교보다 우월하다는 생각에 반대한다.

"유대인이나 기독교 교인이 아니면 천국에 들어갈 수 없다고 그들은 말하나 그것은 그들의 바람에 불과하니라. 일러 가로되 그들이 진실이

라면 증거를 제시하라고 말하라."(2:111)

따라서 유대인이나 기독교 교인은 그들의 계시가 더 오래됐다고 해서 그들이 믿는 것만이 진리라고 생각해서는 안 된다는 것이다. 이런 의미에서 이 코란 구절을 좀 더 생각해 보면, 이슬람 이후에 생긴 종교들에 존중과 관용을 베풀어야 한다는 뜻으로 풀이할 수 있다.

이슬람에서 파생된 종파로는 대표적으로 알레비파, 아마디야 교단, 바하이교가 있다. 하지만 대부분의 무슬림들은 이 종교 공동체들을 매우 비판적으로 본다. 이 공동체들은 자기들의 지도자나 창시자를 선지자로 숭배하기 때문이다. 이슬람에서는 무함마드가 마지막 선지자이며 신의 계시를 코란에 기록해 최종적으로 완성했다고 본다.

"오늘 내가 너희를 위해 너희의 종교를 완성했고 나의 은혜가 너희에게 충만하게 하였으며 이슬람을 너희의 종교로 만족하게 하였노라."(5:3)

하지만 다른 사람들의 신앙에 관용을 베풀 때 무슬림도 관용적인 대우를 받게 될 것이다.

알레비파

이란 호라산 출신의 무슬림 신비주의자 하지 벡타시 왈리가 알레비파의 정신적 아버지다. 그는 13세기 후반에 흑해와 지중해 사이에 있는 터키의 넓은 고원 지대인 아나톨리아 지역에 큰 영향을 미쳤다. 오늘날에도 터키에 알레비파 신도들이 많다. 일부 알레비파는 자신들을 시아파의 하나로서 무슬림이라 여기고, 일부는 고유한 종교 공동체를 이루어 그들만의 신앙생활을 한다. 이들은 코란을 가치관의 기준으로 여기지 않고, 신의 계시 속에 숨겨진 의미를 찾으려 애쓴다. 이슬람 신앙의 다섯 기둥도 이들에게 의무가 아니다.

아마디야 교단

아마디야 교단은 19세기 말 즈음 인도에서 미르자 굴람 아흐마드에 의해 세워졌다. 아마디야 교단은 코란, 순나와 함께 창시자 아흐마드가 기록한 문헌도 교리의 바탕으로 삼는다. 그들은 스스로를 이슬람에 속한 개혁파로 여기고, 아흐마드를 무함마드 다음에 온 선지자라고 말한다. 그러나 이건 무함마드를 마지막 선지자라고 여기는 이슬람의 주장과 맞지 않는다. 이슬람 국가들은 아마디야 교단을 이단으로 선포했고, 아마디야 교단 신도들이 메카로 성지 순례를 올 수 없게 했다.

바하이교

19세기 중엽 이란에서 시작된 바하이교는 이슬람 시아파의 한 분파에서 나왔지만, 창시자 바하울라의 가르침을 따르는 독립된 종교 단체이다. 바하이교는 여러 종교의 요소를 도입하였고, 모든 종교의 근원은 하나라고 말한다. 인류의 평화와 통일을 궁극의 목적으로 하고, 모든 편견의 제거, 양성의 평등, 과학과 종교의 조화를 주장한다. 이란에서는 이단으로 여겨 포교가 금지되어 있다.

이슬람을 떠나면 처벌이나 배척

만일 어떤 무슬림이 '알라 외에는 다른 신이 없다'는 이슬람 신앙의 본질을 더 이상 믿고 싶지 않다고 한다면, 그는 '배신자'가 된다. 신앙에서 돌아서는 것, 곧 '배교'는 행동이나 말로 할 수 있다.

여러 코란 구절에서 알라는 저승에서 배교한 사람에게 어떻게 할 것인가 이야기한다.

"이슬람 외에 다른 종교를 추구하는 자가 있다면 결코 수락되지 않을 것이요, 내세에서 손해를 본 자 가운데 있게 되리라."(3:85)

"알라를 불신하고 죽은 자는 금으로 가득한 지구를 그 대가로 바친다 해도 그것은 수락되지 않을 것임이라. 그들에게는 고통스러운 벌이 있을 것이며 단 한 명의 원조자도 없을 것이라."(3:90)

코란에는 배교 때문에 벌을 받는다고 나오지만 어떤 벌을 받는다고는 말하지 않는다. 선지자 무함마드가 신앙을 배신한 자는 사형에 처해야 한다고 말하는 하디스도 있다(부하리, 아부 다우드, 앗 티르미디의 하디스). 하지만 이 하디스의 내용은 반드시 역사적인 배경과 함께 이해해야 한다. 이 내용은 전쟁 때 이슬람 진영에서 빠져나와 적군으로 들어간 어떤 부대를 두고 말한 것으로, 여기에서 말하는 처형은 반역죄 같은 특별한 경우에 해당한다.

그런데 몇몇 이슬람 국가에서는 무함마드의 이 말을 특별한 경우에만 적용하지 않고 오늘날까지 종종 실행에 옮기고 있다. 이슬람 율법 샤리아를 극단적으로 이해하는 수단 같은 곳에서는 배교한 사람을 공개적으로 돌로 쳐 죽이거나 교수형에 처한다.

오늘날 대부분의 나라에서는 이슬람을 배반했다고 해서 사형을 내리지는 않는다. 다만, 이슬람 공동체에서 배척당할 뿐이다.

이슬람은 과연 폭력과 전쟁을 합리화할까?

오늘날 이슬람에서 왜 이렇게 존중과 관용의 자세가 중요해졌을까? 사실 이슬람은 관용과는 거리가 먼 종교라는 주장이 종종 나왔다. 이슬람의 이름으로 전쟁을 일으키고, 이슬람의 이름으로 폭탄을 터뜨리고, 이슬람의 이름으로 남편이 아내를 억압하기 때문이다. 옳지 않은 일들이 이슬람의 이름으로 공공연히 일어났다. 이슬람은 번번이 남성들에 의해서 폭력을 합리화하는 데 '이용'당했다. 옳지 못한 행동은 종교적인 의미와 연결되어 은폐되었고, 심지어 허용되는 행동으로 여겨지며 '옳은' 일로 둔갑하기도 했다.

앞에서 이야기 했듯이 코란에는 다른 종교를 믿는 사람들을 너그럽게 대하라고 나와 있다. 따라서 무슬림에게는 다른 종교를 믿는 사람을 '믿음 없는' 사람이라고 업신여기는 것이 금지되었다.

"믿는 자들이여! 너희가 알라의 길에 나섰을 때 주의 깊게 살필 것이며, 이슬람으로 인사하는 그에게 '너는 믿는 신앙인이 아니며 현세의 보잘것없는 이익을 간구하도다'라고 말하지 말라."(4:94)

이 코란 구절은 무슬림에게 해당되는 것인데, 여기서는 다른 신앙을 문제 삼지 말라고 명령한다. 이것은 다른 종교를 믿는 신자들에게도 마찬가지로 적용된다. 코란에서는 사람을 판단하기 위해서 가늠은 해 볼 수 있지만, 험담을 하거나 명예를 떨어뜨리는 일은 하지 말라고 했다.

한편 여러 신을 숭배하는 사람들, 즉 알라를 유일신으로 인정하지 않는 사람들을 죽이거나 그들과 싸우라고 하는 코란 구절도 있다.

"박해가 사라지고 알라를 위한 신앙생활이 보장될 때까지 그들에게 대항하라. 이것이 알라를 위한 신앙이니라. 그들이 박해를 단념한다면 사악한 자들을 제외하고는 적대시하지 말라."(2:193)

이 때문에 많은 사람들이 종교 지도자이자 정치인이며 심지어 전쟁까지 이끈 무함마드를 본보기로 삼은 무슬림들을 비난한다. 다른 종교의 선지자들은 사랑과 평화만을 선포한 반면 무함마드는 그렇지 않았기 때문에 진정한 선지자로 인정할 수 없다는 것이다.

하지만 코란을 볼 때는 항상 당시 상황을 되짚어 봐야 한다. 앞에 인용한 구절은, 무함마드가 처음에는 이슬람을 인정했다가 나중에 등을 돌린 다른 부족과 격렬하게 논쟁하고 있을 때 계시되었다. 코란에 폭력으로 대응하라는 구절이 있는 이유는 이 때문으로 설명할 수 있다.

아랍어로 평화를 '살람'이라고 한다. 이슬람(islām)과 살람(salām)은 's-l-m'이라는 같은 어근으로 이루어져 있다. 하지만 이슬람은 '평화를 이룬다'는 뜻이 아니라 '신에게 헌신한다'는 뜻이다. s-l-m 이 세 자음은 코란에 100번도 넘게 사용되었다. 코란에서 '살람'은 단독으로 42번이 나온다.

아랍에서 살람의 개념은 주로 다음 세 가지로 사용된다. 첫째로 인사

말로 쓰이고, 둘째로 선지자와 사도를 찬양하는 말로 쓰인다. 이는 코란과 하디스에 무함마드의 이름이 나올 때마다 붙는 것으로 '그 분에게 평화가 있기를'이란 뜻이다. 셋째로는, 말 그대로 '평화'라는 뜻이다. 이 뜻으로 쓴 살람은 코란에 11번 나온다.

평화를 전하는 것은 이슬람의 주된 관심사다. 이슬람에서 말하는 평화는 신자들이 이슬람의 지배 아래 이슬람 규율을 지키며 사는 것이다. 교리학자들은 세상을 '이슬람의 집'과 '다툼의 집'으로 나누었는데, 이슬람의 집은 샤리아가 효력을 발휘해서 평화가 이루어지는 지역이다. 그 밖의 지역은 다툼의 집이다. 선지자의 시대에도 그리고 그 뒤로도 오랫동안 이슬람이 무슬림 사이에서 평화를 이루는 것을 중요하게 여겼다면, 오늘날에도 마찬가지다. 오늘날 수많은 무슬림이, 코란이 신자들에게 폭력을 사용해서 평화를 이루라고 명령했다고는 믿지 않는다.

무슬림은 평화의 인사를 서로 주고받는다. "아살람 알라이쿰!(알라의 평안이 당신에게 깃들기를!)" 무함마드는 수많은 하디스에서 평화의 인사를 건네라고 했다. 평화를 적극적으로 실천하는 자에게는 천국의 문이 열릴 것이라고도 했다.

10. 이슬람과 민주주의는 함께할 수 있을까?

구경하는 대신 참여하라

때로 이슬람은 민주주의와 양립할 수 없다고 여겨진다. 사람들은 이슬람 국가들의 수많은 처벌 사례와 여성에 관한 코란 구절들을 근거로, 이슬람은 민주적이지 못하며 여성에게 적대적이고 잔인하기까지 하다고 말한다. 이러한 무슬림 공동체의 현실이 여러 방면에서 이슬람과 동일시되고, 민주주의 국가 형태와 이슬람이 서로 다른 체제로 대비되기도 한다.

실제로 많은 무슬림이 신앙 공동체의 목적은 '알라의 나라'를 이루는 것이라고 믿는다. 다시 말하면 종교법으로 다스려지는 '신정 국가'를 이루는 것이다. 이슬람에서도 유일신에 대한 헌신 외에 인류애, 자비, 정직, 이타주의와 같은 가치를 전하고 있는데, 이런 가치들의 실천이 종교적인 것인지 인도주의적인 것인지에 대해 이견이 있다. 예를 들면, 인권을 지키는 것이 종교적인 이유에서인지 아니면 인도주의적인 이유에서인지 아직 확실하지 않은 것이다. 당연히 무슬림에게는 기본권과 공동체 안에서 서로 지켜야 하는 모든 규칙들이 코란과 일치하는지가 중요하다.

실제로 무슬림 공동체에서 인권에 대한 개념은 코란과 이슬람의 전통을 바탕으로 한다. 이것 역시 민주주의의 개념이며, 민중에게 주권이 있다는 것을 의미한다. 우리가 앞서 말했듯이, 코란은 사람들에게 항상 깊이 생각하고 행동할 것을 당부한다. 이슬람에서는 무언가 중대한 일이 일어났을 때 자체적으로 민주적인 기관을 만들고 서로 협의하여 결정하라고 한다. 그 예로 '슈라 원칙'을 들 수 있다.

이슬람 민주주의의 기초, 슈라 원칙

슈라는 아랍어로 '서로 조언하다'라는 뜻이다. 코란에서는 슈라를 지키는 자들을 이렇게 칭찬했다.

"이들은 알라의 부름에 따르며, 예배를 드리고 일을 처리함에 상호 협의하며, 알라께서 그들에게 베푼 양식으로 자선을 베푸는 자들이라." (42:38)

이 말은 아무도 크게 손해 본다고 느끼지 않도록 '서로의 공통분모'를 찾는 것이 중요하다는 것을 말한다. 그런데 한 개인이나 특정 단체가 이 공통분모를 결정할 권리를 갖기는 어렵다. 그렇게 되면 독재가 되는 셈이기 때문이다.

슈라 원칙은 개인에서부터 국가기관에 이르기까지 다양한 분야에 적용된다. 육아에 적용된 슈라 원칙의 예도 있다. 엄마가 아이를 몇 살까지 돌보아야 하는지에 대한 문제이다. 코란은 다음과 같이 말한다.

"어머니는 아버지가 원할 때 자녀들을 2년 동안 젖을 먹여야 되나니 아무도 자신의 능력보다 무거운 짐을 지지 아니하노라. 어머니는 그녀의 자녀로 인해서 고생을 해서는 아니 되며 아버지도 그의 자녀로 인해 고생을 해서는 아니 되나니 상속인에게도 그와 마찬가지라. 젖을 떼고 싶을 경우는 상호 동의에 따를 것이니 이는 당사자에게 죄가 아니라." (2:233)

슈라 원칙은 무슬림 가정과 공동체뿐만 아니라 정치에도 적용된다. 슈라는 이슬람 국가의 부족원로회의 또는 국가자문기관으로, 일부에서는 재판권을 가진 법률기관으로 다양한 역할을 하고 있다. 슈라에는 다음과 같은 조건이 있다.

- 모든 정당은 성별, 피부색, 민족과 상관없이 협력한다. 이것은 슈라 원칙에서 여성도 남성과 동등한 방식으로 지지를 받는다는 것을 의미한다.
- 회의에 참여하는 모든 사람들은 자신의 이익을 지키기 위해 몸을 사리거나 불이익을 받을까 봐 두려워하지 않고, 자신의 의견을 자유롭고 솔직하게 펼칠 수 있다.
- 모든 논쟁을 경청해야 한다. 의회의 결정을 조작하려는 사람이 있다면 질서를 지킬 것을 요구해야 한다.

의회에서 어떤 결정이 났을 때에는 누구도 이기거나 졌다고 느끼지 않아야 하며, 만일 그렇게 느낀다면 그것은 둘 다 패배한 것이다.

"실로 모든 인간은 잃게 되나라. 그러나 믿음으로 선을 실천하고 의로운 일을 행하며 서로가 서로에게 진리를 권고하고 인내하는 자들은 제외라."(103:2~3)

이 개념은 민주주의 원칙에 이슬람이 공헌한 것이다. 이슬람에서는 민주주의 원칙을 실행하는 데 있어 인간이 독립적이고 책임을 지는 존재라는 사실을 전제한다. 이것을 이즈티하드, 즉 독자적인 판단으로 볼 수 있다. 이즈티하드는 경전에 근거가 적혀 있지 않은 문제에 대해 독립적인 추론을 해서 코란을 시대에 맞게 풀기 위한 것이다. 단, 이즈티하드에는 법적 판단과 관련되는 이슬람 율법의 근원을 알아야 한다는 조건, 그리고 지성과 종교 율법의 논리를 통해 근원의 정신을 꿰뚫어 볼 수 있는 사람이 수행해야 한다는 조건이 있다.

한편 슈라는 무슬림 공동체를 운영하는 데서 제기된 문제들을 공동으로 협의하여 해결한다. 이슬람에서 슈라는 공동체 운영의 한 원칙이고, 이슬람법상의 의무이며, 무슬림의 자격이다.

지하드는 과연 성스러운 전쟁일까?

많은 사람들이 지하드를, 무슬림이 이슬람을 믿지 않는 사람들을 상대로 이슬람을 위해 헌신하고 분투하는 '성스러운 전쟁'이라고 생각한다. 실제로 이슬람 극단주의자들은 지하드를 악용하고 있고, 지하드를 내세워 투쟁하는 집단이 세계 곳곳에 있다.

테러 조직 알 카에다는 가장 잘 알려진 지하드 동맹이다. 전 세계에 걸쳐 수천 명이 넘는 알 카에다 추종자들이 있다. 하지만 이는 전 세계 무슬림 수가 14억인 것에 비하면 매우 적은 수다. 대부분의 지하드 추종자들은 분쟁 지역인 이라크, 아프가니스탄, 파키스탄, 예멘, 소말리아 등지에 있다. 지하드 추종자들이 내건 이념으로 지난 20년 동안 세계적으로 1만 명에 달하는 희생자가 나왔다. 희생자의 대부분은 무슬림이었는데, 이는 극단주의자들이 대다수 무슬림의 신앙을 올바르지 않다고 문제 삼아서 공격했기 때문이다.

지하드에 가입한 사람들은 자신들의 행동을 정당화하기 위해 다른 무슬림에게 항상 코란을 보수적으로 해석하도록 지시한다. 그런 탓에 비이슬람권 사람들 눈에 이슬람은 폭력을 일삼는 종교로 보이는 것이다. 그러나 오늘날 지하드를 따르는 사람들은 이슬람의 전통적인 가르침과는 거리가 멀고, 오로지 정치적인 이해관계에 따라 결정을 내리고 행동에 옮긴다.

테러 공격은 절대 지하드로 정당화될 수 없다. 이슬람에서는 만일 누군가가 불공정함이나 비인간적인 상황에 반발해 싸우고자 할 때는 합법적인 방법으로 호소해야 한다고 가르친다. 2001년 미국의 뉴욕과 워싱턴에서 있었던 9·11 테러나 2004년 3월 11일에 에스파냐 마드리드에서 일어났던 열차 폭탄 테러와 같은 공격은 극단주의자들이 공격하고자 하는 대상과는 아무 관계없는 수많은 사람들을 희생시켰다.

큰 지하드와 작은 지하드

이슬람 초기에는 전쟁이 이슬람 공동체에 큰 역할을 했다. 그들은 살아남기 위해 내부와 외부로부터 오는 공격을 막아야 했다. 코란과 하디스에 전쟁과 폭력에 관련된 구절이 많은 것은 그 때문이다.

하지만 살아남기 위해서 공격을 방어한다는 의미는 점차 무슬림들 사이에서 잊혀 갔다. 특히 이슬람 국가들의 국경 지대에서, 또 유럽의 십자군 기사들과 무력으로 대립하던 시기에 이슬람 세계에서는 지하드를 공격적이고 과격하게 해석하는 극단적인 견해가 생겨났다.

일반적으로 온건한 무슬림들은 무기를 들고 전쟁을 하는 것과 같은

이교도와의 전투를 '작은 지하드'로, 자신의 약함과 부정적인 성향에 맞서 싸우는 것, 즉 자신과의 싸움을 '큰 지하드'라고 여겼다. 지하드의 본래 뜻은 '애쓰고, 노력하고, 참여하는 것'이다. '자신과 싸우다' 또는 '독자적 판단'을 뜻하는 이즈티하드와 같은 어원이다.

무슬림의 의무로써 지키는 지하드

이슬람에 비무슬림에 무력으로 대응하라는 법이 있는 것은 사실이다. 수많은 코란 구절에서 이것을 다루고 있다.

"비록 싫어하는 것이지만 너희에게 성스러운 전쟁이 허락되었노라."(2:216)

"박해가 사라지고 종교가 온전히 알라만을 위한 것이 될 때까지 그들에게 대항하여 성스러운 전쟁을 하라."(8:39)

"알라와 내세를 믿지 아니하며 알라와 사도가 금지한 것을 지키지 아니하고 진리의 종교를 따르지 아니한 자들에게 비록 그들이 성서의 백성이라 하더라도 인두세를 지불할 때까지 성스러운 전쟁을 하라."(9:29)

선지자 무함마드는 이슬람 초기에 자기의 공동체를 보호하고 생활의 기초를 마련하기 위해 전투에 나갔다. 코란 구절에서 알 수 있는 것은 이슬람에서 지하드가 방어하기 위한 전쟁의 의미로만 쓰인 것이 아니라 먼저 공격하기 위한 전쟁의 의미로도 쓰였다는 점이다. 이슬람의 견해로 보았을 때 전쟁은 성스러운 것이 될 수 없기 때문에 성스러운 전쟁이라는 단어는 앞뒤가 모순되는 틀린 말이다. 성스러운 전쟁이라는 개념은 본래 기독교의 십자군과 관련성이 크다.

14세기 말리키 학파의 법학자인 이븐 주자이는, 무슬림 공동체가 능동적으로는 이슬람 신앙을 전 세계로 넓히기 위해서, 또 수동적으로는 이슬람 영토가 비무슬림들에 의해서 군사적으로 점령되는 것을 막기 위해서 지하드를 적극적으로 펼쳐야 한다고 주장했다. 이런 의미에서 무슬림에게 지하드는 의무로 여겨진다. 침략을 막아야 할 때 싸울 능력이 되는 남자 무슬림은 무기를 들어야 한다. 여기에서 예외가 되는 사람은 아이, 노인, 여성, 아프거나 약한 사람들이다. 이슬람 신앙에 철저한 무슬림 중에는 지하드를 이슬람 신앙의 여섯 번째 기둥으로 보는 사람들도 있다.

지하드를 수행할 때 무슬림들은 기본 수칙을 철저하게 지켜야 한다. 이븐 주자이는 전쟁에 나갔을 때 주의해야 하는 것으로 다음의 일곱 가지를 꼽았다.

1. 정해진 사람만 싸움을 해야 한다(여성, 아이, 노약자는 싸움에 나가지 않는다).
2. 전쟁을 실행에 옮기기 전, 상대에게 이슬람을 수용하라는 선전포고를 해야 한다.
3. 무슬림은 전쟁 도중에 누군가에게 도움을 요청할 수 없다.
4. 싸움에 나간 사람은 누구든 적의 나라로 도망가서는 안 되고, 그곳으로 아무것도 가지고 갈 수 없다.
5. 허용되는 전투 방법과 금지되는 전투 방법이 있다.
6. 도망가도 되는 때가 정해져 있다.

7. 전쟁에 대해 확실한 태도를 취해야 한다.

이 원칙을 올바르게 지키는 자에게 알라는 보상을 약속한다고 한다. 지하드는 알라를 위해 헌신하는 것을 가장 우선으로 여기는데, 이러한 헌신이 공동체에도 도움이 된다면 공적을 더욱 많이 쌓게 되는 것이다. 그래서 지하드를 '알라를 위한 일'이라고 주장하기도 한다. 실제로 지하드라는 말은 '지하드 피 사빌 알라', 즉 '알라와 이슬람을 위한 일'이라는 말을 줄인 것이다. 전쟁에 나가 알라를 위해 목숨을 잃은 사람은 순교자가 되어 곧바로 천국에 들어가게 된다.

그러나 실제로는 이슬람의 지도자들이 지하드를 점차 세속적이고 정치적인 목적으로 이용하면서 위에서 말한 원칙을 무시했다. 지하드는 기독교인과 유대인, 그리고 그 밖의 사람들을 굴복시키고 공물을 바치게 하고 세금을 더 효과적으로 거두어들이는 데 이용되었다.

순교자, 신앙을 증거하다

이슬람에서 생각하는 순교자의 개념은 무함마드의 사촌이자 사위이고 4대 칼리파인 알리와 그의 아들 후세인의 죽음에서 비롯되었다. 알리와 후세인은 둘 다 이슬람 내부의 적대 세력에게 죽임을 당했고, 이 사건들을 계기로 이슬람 공동체는 수니파와 시아파로 갈라지게 되었다.

무함마드의 사촌이자 사위인 알리만을 무함마드의 계승자로 주장하는 시아파에게는 알리의 죽음으로 순교가 신앙의 본질적인 역할을 하게 되었고, 수니파의 역사에서는 부수적인 역할에 그쳤다. 그런데 최근 수니파에서도 이슬람 극단주의가 강해지면서 주로 자살 폭탄 테러범 같은 근거 없는 방식으로 순교자가 나타나게 되었다.

종교를 위해 목숨을 바치는 것에 대해 코란은 이렇게 기록하고 있다.

"알라의 길에서 순교한 자가 죽었다고 생각하지 말라. 그들은 알라의 양식을 먹으며 알라 곁에 살아 있노라."(3:169)

그리고 코란은 또 이렇게 말한다.

"그러나 알라의 길에서 죽는 자들이 있다면 그 분께서는 그들의 업적이 결코 헛되지 않게 하시니라. 알라께서는 그들을 인도하시고 그들의 위상을 높여주실 것이며 그들에게 보여준 천국으로 그들을 들게 하시니라."(47:4~6)

순교는 아랍어로 '샤히드'라고 한다. 샤히드는 그리스어에 어원을 둔 표현으로 코란에 여러 번 나오는데, '순교자'는 모든 사람에게 증거가 된다는 뜻이다.

이슬람에서는 순교자가 받는 보상이 매우 화려하다. 본래 사람이 죽으면 죽음의 천사가 와서 죽은 이에게 이승에서의 행실을 묻는다. 만약 행실이 나쁘면 그 영혼을 다시 몸으로 돌려보내 좁은 무덤에서 최후의 심판을 기다리는 '무덤의 벌'을 주는데, 순교자는 모든 죄를 용서받고 무덤의 벌이 면제된다. 그리고 순교자는 천국에서 72명의 처녀를 아내로 맞이하게 되며, 알라는 친척을 위한 그의 간청을 최대 70명까지 들어준다.

순교자는 이승에서도 특별하다. 무슬림들은 죽은 사람의 몸을 깨끗하게 하지 않고 묻으면 천국에 가지 못한다 하여 땅에 묻기 전에 몸을 한 번 씻기고 하얀 천으로 몸을 감싸는데, 많은 학자들이 순교자에게는 이러한 의식을 생략할 수 있게 했다.

이슬람에서 순교란 능동적인 행동이어야 한다. 이것이 주로 수동적으로 참고 견디는 기독교의 순교와 가장 큰 차이점이다. 이슬람에서는 신도가 순교자로서 죽음을 맞이하기 위해 스스로 '알라의 일을 행할' 수 있다. 이를 위해 순교자가 공식적으로 지하드에 참여하는 것이 전통이다. 왜냐하면 오직 전쟁터에서 비무슬림들의 손에 죽었을 때만 그 죽음이 순교가 되기 때문이다.

기독교의 학자들과 마찬가지로 이슬람 학자들 역시 순교하고자 애쓰는 것이 자살과 비슷한 건 아닌지 오래전부터 생각해 왔다. 보수적인 코란 주해에 의하면 자살은 기독교와 이슬람에서 모두 금지된다. 그래서 전쟁을 하는 사람들의 의도가 중요해졌는데, 전쟁에 나가면서 죽음을 소망해서는 안 된다. 순교할 목적으로 적과 마주치기를 바라는 것조차도 안 된다.

이슬람과 기독교에서의 순교의 개념은 두 종교의 서로 다른 역사적 배경을 살펴보아야 한다. 초기 기독교인들은 로마 제국이 자신들을 적대시하는 환경에서 추격과 단속을 당했다. 반대로 이슬람은 성공적으로 영토를 점령하고 거대한 영역을 지배하며 시작했다. 이때 순교자는 중요한 역할을 했는데, 순교를 통해 민중들에게서 새로운 종교에 대한 지지를 이끌어 냈고, 정체성을 형성하고, 종교와 결합시키는 데 기여했다. 그리고 순교자를 따르는 사람들과 전쟁에 나가는 사람들의 도덕성을 높였다.

8세기에 이슬람의 식민지 정복기가 끝나면서 순교자의 숫자는 빠르게 줄었다. 당시에는 순교자의 의미가 확대되어 전염병과 사고로 죽거나 아기를 낳다가 죽거나 성지 순례나 지식을 탐구하다가 죽은 신자들도 순교자가 되었다. 이슬람 신비주의자인 수피들은 순교를 사랑이라 설명한다. 죽지 않고 하는 순교도 있다. 큰 지하드를 지키고 그것을 성공적으로 끝내는 사람들이다.

오늘날의 지하드

코란 내용은 모두 7세기 초기 무슬림 공동체의 시작과 관련이 있다. 하지만 코란은 이슬람 극단주의자들에 의해서, 다른 한편으로는 이슬람을 비판하는 자들에 의해서 사실과 다르게 해석되거나 그릇되게 이용되었다. 특히 다음의 구절이 그렇다.

"금지된 달들이 지나면 너희가 우상 숭배자들을 보는 대로 살해하고 그들을 포로로 잡거나 그들을 포위하라."(9:5)

이슬람을 비판하는 사람들은 이 구절이 무슬림에게 전쟁을 벌이도록 부추긴다고 말한다. 하지만 이슬람 측에서는 이들의 비판이 코란이 무슬림에게 비무슬림을 존중하며 교제하라고 당부하는 수백 개의 구절은 제쳐 놓고 이루어진 것이라고 항변한다.

또 이슬람에서 말하는 정의의 복합적인 의미를 통째로 무시한 셈이고, 결국 이런 비판 때문에 '이슬람 공포증'이 생기는 것이라고 말한다. 그렇다면 오늘날에도 이슬람 세계는 여전히 지하드를 적용할까? 코란의 시대는 오래전에 지나갔다. 그 사이에 나라와 나라 사이에 국경을 정하고, 분쟁이 있을 때는 규정대로 처리하기로 한 국제 조약이 맺어졌다.

국제 조약 같은 세계적으로 공유하는 도덕적이고 윤리적인 원칙이 생겼으므로, 다툼과 전쟁은 더 이상 피할 수 없는 것이 아니다. 세계에 이러한 변화가 일어나면서 이제 이슬람 세계는 더 이상 오래된 코란 구절을 정당화할 수 없게 되었다.

13세기의 법학자 이븐 콰드마는 정당하게 세워진 종교적 지도자만이 지하드를 주장할 수 있는 권리를 가진다고 말했다. 칼리파는 지하드를 명령할 때 알라의 뜻을 밝히기 위해 성실히 노력해야 한다. 그러나 신의 대리인을 자처하던 칼리파는 수백 년을 거치며 점차 명목상의 존재로 전락하게 되었고, 제1차 세계대전 이후 오스만 제국이 터키 공화국으로 바뀌고 술탄 정부가 폐지되면서 칼리파 제도 역시 완전히 막을 내렸다.

그렇다면 이제 지하드를 주장할 수 있는 권한이 누구에게 있는 걸까? 알라의 뜻을 밝히기 위해 성실히 노력하는 지도자가 있기는 한 걸까? 이슬람 극단주의자들은 이런 질문에 조금도 신경 쓰지 않을 것이다. 알라의 정의를 자신들의 필요에 맞도록 이용할 테니 말이다.

이슬람 근본주의와 이슬람주의는 어떻게 다를까?

이슬람 근본주의와 이슬람주의는 서로 구분되어야 하는 개념이다. 그렇지만 이 두 개념은 종종 하나로 뭉뚱그려져 버린다.

이슬람 근본주의

모든 종교와 종교 공동체에 존재하는 근본주의자들은 종교를 삶의 어떤 것보다도 우선으로 여긴다. 모든 행위에는 오직 신 앞에서의 책임이 따른다. 그래서 근본주의자들은 계율과 금지 사항을 아주 자세한 것까지도 정확하게 따르려고 노력한다.

이슬람 근본주의에서는 계율과 금지 사항을 정확히 따르는 것이 전적인 의무 사항이다. 영적인 성품이나 합리적인 생각은 그다지 중요하지 않다. 다른 의견을 반박해야 할 때에만 신학적으로 그리고 철학적으로 깊이 생각한다. 근본주의자들은 종교적 행위란 코란과 하디스만을 따르며 이슬람 본래의 형태대로 사는 것이라고 주장한다. 선지자와 그의 동료들이 살던 때처럼 때 묻지 않고 순수하게 살아야 한다는 것이다. 따라서 근본주의자들은 이슬람의 변형 및 조작, 학문적인 발전을 위협으로 받아들인다.

그들은 현대 사회에서 살면서도 가능한 한 새로운 것을 거부한다. 그들이 종교를 어떻게 받아들이는지는 의복을 보면 알 수 있다. 근본주의자들은 폐쇄적인 세계상을 고집한다. 그들의 주장은 변하지 않는다. 다른 사람들의 비판이나 자극을 받아들이지도 않는다. 근본주의자들은 이슬람의 다른 견해들을 틀린 것으로 간주한다. 그들은 천국으로 가는 문은 무슬림만 찾을 수 있으며, 그것도 그들처럼 신앙생활을 하는 무슬림만이라고 주장한다.

사실 근본주의 자체는 개인적인 삶의 태도 중 하나로 받아들여질 수 있다. 다른 사람의 발전을 방해하지 않고 국가의 법을 준수한다면 어떠한 삶의 태도를 갖고 살든 그것은 개인의 자유이다.

이슬람주의

이슬람주의는 이슬람의 교리를 정치·사회 질서의 토대로 삼아 공동체 질서를 세우는 것을 목적으로 한다. 이슬람주의자들은 종교와 정치를 연관 짓는다. 정확하게 말하면 종교를 도덕적인 정치 원칙으로 여긴다는 것이다.

이는 이슬람 공동체에 다양한 모습으로 나타나는데, 민주주의 정당부터 이슬람 성향을 가진 집단, 새로운 국가 형태를 목표로 하는 극단주의 단체에까지 영향을 미친다. 이러한 이슬람주의의 성향은 보수적이고 근본주의적으로 종교를 이해하는 토대가 된다. 그렇기 때문에 이슬람주의는 종종 폭력을 사용하거나 이를 지지하는 것으로 여겨진다.

하지만 반드시 그렇다고 할 수는 없는데, 극단주의자들도 평화적인 수단을 이용할 수 있기 때문이다. 강경한 성향을 가진 이슬람 단체 '히즈붓 타히르'는 회원들에게 자신들의 목표를 이루기 위해 폭력을 옹호하는 것은 정당화될 수 없다고 가르친다. 그들은 목표를 이루기 위해 개인적인 설득과 정치적인 선전 활동을 할 뿐이다. 그렇지만 그들이 이야기하는 목표는 칼리파가 그렸던 알라의 나라를 지구 전체에 이루기 위해 다른 국가 형태를 모두 정복하는 것이다.

국제 테러 조직인 알 카에다와 팔레스타인의 하마스가 대표적으로 목적을 이루기 위해 테러리즘적인 수단을 사용하는 폭력적인 이슬람주의 집단이다. 이들은 미디어를 통해 이슬람주의에 대한 이미지를 만들

어 낸다. 일부에서는 폭력적인 이슬람주의의 이런 형태를 '지하드주의'
라고 부르기도 한다.

어디까지가 비판이고 어디까지가 공포감일까?

최근 이슬람을 두고 벌어지는 논쟁은 때로 감정적이고 관대하지 못
하다는 인상을 남긴다. 논쟁의 핵심 키워드 중 하나는 '이슬람 비판'이
며, 여기에는 이슬람에 대한 오해도 적지 않다. 논쟁에서 객관성이 부족
한 주장이 제기되고, 이것이 곧바로 이슬람에 대한 반감으로 이어지기
도 한다. 이로 인해 이슬람 공포증이나 무슬림에 대한 차별이 생기기도
한다.

사실 이런 현상은 새로운 것이 아니다. 수 세기에 걸쳐 서양 사회는
무슬림에 대한 선입견을 만들어 왔다. 작가들이나 종교 지도자들, 정치
가들이 어떤 영향을 미쳤는지는 알 수 없지만, 오래전에도 무슬림에 대
한 선입견이 지금처럼 널리 퍼져 있어서 무슬림은 위험한 존재로 여겨
졌다. 최근 이슬람에 대한 적대감은 전 세계에 뚜렷하게 나타났는데, 이
는 2001년 9월 11일 미국에서 일어난 9·11 테러 공격과 특히 깊은 관
련이 있다.

이슬람에 대한 적대감
비이슬람권 사람들은 이슬람 공동체의 부정적인 특징을 통틀어 무슬림

또는 그들의 종교 탓으로 돌리는 경우가 많다. 이들은 무슬림에게 선을 긋고 자기네 공동체에서 소외시키는 것으로 이슬람에 대한 적대감을 드러낸다. 많은 사람들이 무슬림 또는 이슬람은 폭력적이고, 시대에 뒤떨어지며, 여성에게 적대적이라고 생각한다. 이러한 말들은 일부 개인이나 특정 이슬람 집단에 해당될 수는 있지만, 무슬림 모두에게 해당되는 것은 아니다.

이슬람에서는 수니파, 시아파 혹은 수피에서 한 번 더 분리되어 나온 알레비파, 보수적 신자, 자유로운 신자, 문화적인 무슬림 등 수많은 갈래들이 있다. 하지만 이슬람에 대한 적대감으로 인해 이 갈래들 간의 차이는 점점 사라져 가고 있다. 대부분의 사람들은 이슬람 근본주의자들이나 폭력적인 극단주의자들의 견해가 이슬람의 전형이고 가르침이라고 단순하게 생각한다. 이렇게 전체적으로 뭉뚱그려 주장하는 것은 학문적으로도 인정받을 수 없다.

이슬람에 대한 적대적인 태도에는 이슬람에 대한 비판이 깔려 있다. 이슬람을 비판한다는 것 자체는 비난할 일이 아니다. 하지만 이슬람에 대한 비판은, 특수한 경우를 일반적인 일처럼 말하는 것부터 비방, 모욕을 의미하는 경우가 많다. 학자들은 반유대주의 역사를 통해 '이슬람 비판가'들이 이슬람과 그 신자들의 명예를 훼손하기 위해 어떤 방법을 사용했는지 밝혀냈다.

이 '이슬람 비판가'들은 오늘날 무슬림들을 비판하기 위해 오래된 코란 구절을 분별없이 끄집어낸다. 그들은 논쟁에서 근거를 마련하기 위해서 비교가 안 되는 것을 비교하고, 과장하고, 사람들의 두려움을 부채

질한다. 그들은 무슬림 내부 문제의 원인을 교묘히 감추고, 이러한 비판을 오로지 종교의 탓으로 돌린다.

이러한 이슬람 비판가들의 주장은 앞에서 이야기한 독일의 무슬림 교사의 예처럼 학교 안에서 교사와 학생들에게 베일을 금지하는 것과 같은 결과를 불러온다. 이슬람 비판가들은 비무슬림 사회에서 무슬림이 베일을 쓰는 것은 다른 사람들이 이슬람을 적대적으로 여길 만한 근거가 된다고 말한다. 베일을 쓰거나 전통적인 모양의 수염으로 무슬림임을 겉으로 드러내는 사람들은 아무래도 미심쩍어 보일 수 있다는 것이다. 이런 주장은 작은 불씨가 되어 결국 이슬람은 종교법을 이용해 자유를 빼앗고, 잔인한 처벌을 하고, 테러를 선동한다는 공포감을 사람들에게 불러일으킨다.

적대감을 널리 퍼뜨리는 여론 조종

유럽에서 극우주의 성향을 가진 사람들만 이슬람에 적대심을 표현하는 것이 아니다. 이러한 현상은 유럽 사회의 전체 계층에서 나타난다. 이러한 적대심은 감춰져 있다가 주로 미디어와 정치, 그리고 아주 일상적인 삶 속에서 공공연하게 나타난다. 특히 인터넷은 여론을 조작하기 위해 사용되는 가장 인기 있는 매체이다.

2007년에 독일의 커뮤니케이션 학자인 카이 하페즈와 카롤라 리히터는 독일 공영방송을 통해 이슬람의 이미지가 어떻게 전달되는지 조사했다. 조사 기간 동안 133개의 프로그램과 개별 기사에서 이슬람을 주제로 다루었다.

독일 공영방송 ARD와 ZDF에서 보도된 것 중 81퍼센트가 전쟁, 테러리즘, 이슬람 극단주의, 명예살인 등 이슬람에 대한 부정적인 내용이었다. 불과 19퍼센트만 이슬람 문화와 같은 중립적이거나 긍정적인 주제를 다뤘다. 이슬람에 대한 다른 정보가 없는 시청자라면, 이슬람은 문제가 있다는 인상을 쉽게 받을 수 있을 것이다.

비이슬람 지역에서 이슬람에 대한 적대감으로 무슬림의 권리가 사정없이 침해당하기도 한다. 거리를 지나는 무슬림 여성의 베일을 벗겨버리거나 침을 뱉는 일도 있다. 무슬림이라는 이유로 관청이나 경찰, 교사, 고용주, 임대인, 또는 슈퍼마켓 점원으로부터 노골적으로 푸대접을 받기도 한다. 또 모스크 건물에 불을 지르거나 벽을 돼지 피로 더럽혀 놓기도 한다.

비이슬람 지역에 사는 많은 무슬림들은 이슬람에 대한 부정적인 인식이 이제 일상적인 것이 되었다고 말한다. 일부 무슬림들은 그들이 그 지역 사회로부터 점점 더 차단되어, 이웃과의 관계를 회복할 수 없을까 봐 걱정한다.

특히 대학 교육을 받은 사람들과 전문직에 종사하는 고급 인력들은 자신이 태어나고 자란 비이슬람 지역을 결국에는 떠나야 한다는 고민에 휩싸인다. 이들 젊은 무슬림들은 앞으로 겪을 차별로 말미암아 이 공동체에서는 직업적으로나 개인적으로 절대로 성과를 낼 수 없다고 생각하는 것이다. 그들은 다른 많은 무슬림들처럼 '무슬림에 대한 적개심'에 잘 대응하지 못한다.

정당한 비판이란 무엇일까?

그렇다면 이슬람과 이슬람 사회에 대한 오해를 바로잡을 올바른 이슬람 비판은 어떤 것일까? 이슬람의 근원에 대한 배경을 설명해 주면 정당한 비판이 될까?

진정한 이슬람 비판은 그 기원을 정확하게 다루어야 하고 객관적인 시각으로 논쟁해야 한다. 이슬람을 비판할 때 자신이 생각하는 관점을 사전에 명확히 하는 것도 도움이 된다. 공동체 안에서 모든 종교와 문화가 평화롭게 공존하기 위해서는 개인에게만 제대로 적용하라고 강요할 수는 없다.

이슬람 조직 내에서도 무슬림이 아닌 사람들이 무슬림을 제대로 이해하는 데 방해가 되는 요소들을 비판적이고 건설적으로 논의해야 한다. 통합은 공동체 모두가 노력할 때에만 이루어질 수 있다. 그리고 이슬람 비판가들은 자신들이 그 통합에 어떻게 기여할 수 있는지 구체적으로 말할 수 있어야 한다.

11. 이 사람들이 모두 무슬림이라고?

전 세계 14억의 무슬림, 14억의 신앙

무슬림 개개인의 모습이 다 다른 것처럼, 전 세계 이슬람을 믿는 사람들의 삶도 다 다르다. 그들은 때로 코란을 전혀 다르게 해석하기도 하며, 이를 바탕으로 전통적이거나 독자적으로 이슬람을 이해한다. 이 과정에서 다양한 법률학교가 생겨났고, 또 널리 퍼졌다.

오늘날 이슬람의 본국인 사우디아라비아에는 약 3천만 명의 무슬림이 살고 있다. 다른 많은 이슬람 국가처럼 이 나라의 국교도 이슬람이다. 전체 무슬림 인구의 4분의 3이 와하브파를 따른다. 와하브파는 18세기 중엽부터 일어난 이슬람의 종파로서 원시 이슬람으로의 복귀를 주장하여 수니파와 대립하고, 극단적인 금욕주의를 주장하며 매우 엄격한 형식을 고집한다. 예를 들면 여성의 운전을 금지하고, 종교경찰 무

173

타와가 여성이 종교 규정에 맞는 옷차림을 했는지 점검한다. 이 밖에도 공공장소에서 벌이는 애정행각을 금지하고, 상인들이 장사를 하면서 하루에 5번 메카를 향해 절을 하는지를 단속한다.

이슬람은 아시아에 가장 광범위하게 퍼져 있고, 이슬람을 믿는 모습도 다양하다. 오늘날 아시아 인구는 약 40억으로 세계의 인구의 60퍼센트를 차지한다. 또한 전 세계 무슬림의 절반에 해당하는 7억 인구가 서남아시아와 동남아시아에 살고 있다.

아시아에서도 인도네시아에 무슬림 인구가 가장 많은데, 약 1억 9100만 명에 이른다. 인도네시아의 수마트라 섬에는 오늘날까지도 모계 중심 사회를 유지해 온 미낭카바우가 있다. 모계 사회에서는 유산에 대한 결정권이 모계 중심으로 이뤄져 있고, 일상에서도 여성의 권위가 남성보다 높다. 그런데 재미있는 사실은 미낭카바우에 사는 사람들은 모두 독실한 무슬림들이다.

다민족 국가인 말레이시아에는 다양한 종교가 있음에도 불구하고, 국민의 60퍼센트가 무슬림이다. 말레이시아는 여성의 권리 증진을 위한 시민단체 '무슬림 자매'의 영향으로 이슬람 여성운동이 더욱 활발하게 벌어지는 나라이기도 하다.

이란 또한 아시아에 속한다. 이란은 인구의 90퍼센트가 시아파 무슬림이고, 9퍼센트가 수니파 무슬림이다. 이웃 나라 이라크는 사아파와 수니파의 비율이 60 대 40이다. 파키스탄은 1956년에 이슬람 공화국 헌법이 제정되어 세계 최초로 이슬람 공화국임을 알렸다. 파키스탄에서는 이슬람 신비주의를 믿는 수피뿐 아니라 혁신주의적인 성향의 무슬림 공동체 아흐마디야 교단도 강하게 나타난다. 최근 세계 곳곳에서 테러를 일삼는 탈레반은 사우디아라비아의 와하브파에서 파생되었지만 파키스탄에서 세력을 키웠다.

아프리카를 살펴보면, 아프리카 인구 중 45퍼센트가 무슬림이다. 2011년에 모로코, 리비아, 이집트, 튀니지와 같은 북아프리카 국가에서 이른바 '아랍의 봄'이라는 반정부 민주화 시위가 일어났다. 집권 세력의 부패, 빈부 격차, 청년 실업으로 인한 젊은이들의 분노 등이 시위의 원인이 되었다. 이들은 독재 정권에서 벗어나 민주 정부를 세우고자 했는데, 각각의 종교적 신념에 따라 정치적 태도가 갈렸다. 이슬람의 지배를 받았던 수단은 2011년 7월에 기독교 세력이 우위를 잡으면서 독립을 주장했고, 기독교를 믿는 남수단과 이슬람을 믿는 북수단으로 분단되었다.

북아메리카와 남아메리카에는 세계 각지에서 이주해 온 무슬림들이 살고 있다. 미국과 캐나다에서는 흑인 무슬림을 의미하는 '블랙 무슬림'과 같은 그룹이 생겨났다. 블랙 무슬림에는 이전 세계 챔피언 권투 선수였던 무함마드 알리도 포함되어 있었다. 미국의 수많은 일반 무슬림들은 2001년 9월 11일 테러 사건 이래로, 미국인들에게 자신이 평화적인 신자라고 설득하기가 어려워졌다. 하지만 많은 무슬림들이 미국 공공 기관에서 일하고 있고, 심지어 공항에서 보안 업무를 하고 있다.

미국과 캐나다에서는 소속 종교에 대한 자세한 데이터를 산출하지 않기 때문에 북아메리카에 사는 무슬림 수는 공식적으로 300만에서 1000만 명일 것으로 추정한다. 유럽에는 4000만에서 5000만 명의 무

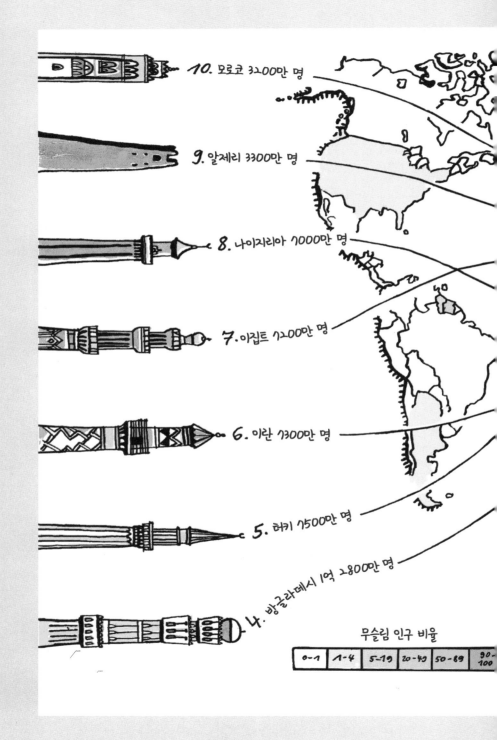

10. 모로코 3200만 명

9. 알제리 3300만 명

8. 나이지리아 7000만 명

7. 이집트 7200만 명

6. 이란 7300만 명

5. 터키 7500만 명

4. 방글라데시 1억 2800만 명

무슬림 인구 비율

| 0-1 | 1-4 | 5-19 | 20-49 | 50-89 | 90-100 |

1. 인도네시아 9100만 명

2. 파키스탄 6600만 명

3. 인도 1억 6100만 명

슬림들이 살고 있다. 이는 유럽 인구의 6~8퍼센트에 해당한다. 이들 대부분은 이주민으로, 다양한 역사적 문화적 배경을 갖고 유럽 사람들과 함께 살아간다.

무슬림 단체는 유럽 각 국가에서 매우 다양한 모습으로 발전했다. 오늘날 유럽 내 많은 국가들은, 이전에 식민지를 지배하던 나라였다. 프랑스나 영국을 예로 들 수 있다. 프랑스에는 모로코, 알제리, 튀니지 출신의 무슬림들이 많고, 영국에는 파키스탄이나 인도, 뱅골계 무슬림이 많다. 이들은 이주한 유럽의 나라에서 자연스럽게 이슬람에 대한 이미지를 형성해 왔다.

유럽에는 또 이슬람을 믿는 터키 국민들 외에도 예전의 유고슬라비아, 특히 사회주의 종료 후 새로운 신앙을 갖게 된 보스니아 헤르체고비나 출신 무슬림들도 퍼져 있다. 에스파냐 남부 안달루시아에는 북아프리카에서 이주한 무슬림과 더불어 에스파냐에서 태어난 무슬림도 매우 많다.

무슬림의 다양성을 한눈에 보여주는 모스크 건축 양식

전 세계 무슬림의 삶이 얼마나 다양한지는 각 지역의 모스크 건축 양식을 보면 알 수 있다.

최초의 이슬람 사원은 메디나에 있는 '알 마스지드 알 나바위'라고 하는 선지자 모스크인데, 단순한 성벽 구조로 되어 있고, 발코니로 된 발판이 둘러져 있다. 햇빛을 가리기 위해 야자나무 가지를 올렸다.

아시아와 아프리카, 에스파냐의 안달루시아에서는 메디나 선지자 모스크의 건축 양식에 기둥이 더해진 모스크를 볼 수 있다. 이 기둥들이 기도실을 받치고 있고, 천장은 편평하다. 사원에 들어가기 전에 대부분 큰 마당이 있다. 이러한 건축 양식을 가진 모스크로는 에스파냐의 안달루시아 지방 코르도바에 있는 메스키타 모스크, 또는 시리아의 다마스쿠스에 있는 우마이야 모스크가 유명하다.

이란과 아프가니스탄에서는 정사각형과 기둥으로 이루어진 문 형태의 네 개의 이완이 있는 사원이 널리 퍼져 있다. 이란의 이스파한에 있는 자메 모스크를 예로 들 수 있는데, 자메는 '금요일'이라는 뜻으로 금요일에 함께 모여 예배를 드리기 때문에 이런 이름이 붙었다. 이완의 정사각형 마당은 한 면만 사원의 현관을 향해 열려 있고, 나머지 세 면은 막혀 있다.

현관을 향해서 사각형의 한 면이 없는 까닭에 이완은 외부 공간도 아니고 내부 공간도 아니다. 이완 네 개 중 하나를 다른 곳보다 높게 하거나 장식을 더 많이 해 입구로 만들기도 한다. 기도하는 공간 위쪽은 작은 돔으로 되어 있다. 안뜰은 학생들이 함께 앉아 토론을 하는 주요 공간이다.

오스만 제국 스타일의 돔 사원은 터키에서뿐 아니라 발칸에서도 쉽게 볼 수 있다. 이 건축 양식은 오스만 제국의 통치 기간 동안 시리아까지도 퍼졌다. 이 건축 양식에서 돔 형태의 지붕은 특히 눈에 띈다. 유명한 예로 터키 이스탄불의 쉴레이마니예 사원과

예멘 지블라의 주바 모스크

에디르네의 셀리미예 사원이 있다. 여기에도 대부분 안뜰이 있다. 또한 미나레트라고 불리는 매우 뾰족한 첨탑도 이 건축 양식의 대표적인 요소다.

독일에서도 이미 일찍부터 이슬람 사원이 지어졌다. 18세기에 세워진 베를린 빌머스도르프 사원이나 하이델베르크에 있는 슐로스가르텐 슈베칭엔 사원이 그 예다. 신성로마제국의 황제를 선정하는 역할을 했던 신성로마제국의 선거인단들은 자신들이 전 세계 모든 종교에 대해 관용을 베풀고 있다는 것을 보이기 위해 이곳에 모스크를 지은 것으로, 기도하는 공간으로서의 기능은 없었다.

벨기에 브뤼셀에 있는 그랜드 모스크는 원래 1880년도에 국립 박물관의 동양 전시관으로 지어졌는데, 사우디아라비아의 도움으로 개조되었고, 1978년에 모스크와 이슬람문화원으로 문을 열었다. 또 다른 예로는 영국 버밍엄의 그린레인 마스지드가 있다. 1893~1902년에 공공도

폴란드의 모스크   중국의 모스크

서관과 목욕탕으로 지어진 건물로, 붉은 벽돌과 테라코타 건축 양식을
사용했다. 1970년 이후에 이 건물은 버밍엄에서 가장 큰 이슬람 사원으
로 개조되었다.

오늘날 세계 여러 곳에서 무슬림 단체는 비무슬림 건축가들과 협력
하고 있다. 많은 무슬림들이 이런 협력을 통해 비무슬림 국민들이 이슬
람을 받아들이는 관점이 바뀌기를 희망한다. 여기에는 많은 무슬림들
이 비이슬람 지역에서 생활하면서 느끼는 감정도 나타난다. 이 말은 곧
많은 무슬림들이 생활 속에서 느끼는 차별과 반감이 달라지기를 바라
는 것이다. 이슬람은 세계적인 종교이고, 동양만의 문화는 아니다. 따라
서 이슬람은 어느 한 지역이나 한 국가에만 연관될 수 없다.

세계 속의 무슬림들은 지역에 따라 다양한 건축 양식이 발전할 수 있
었던 것처럼, 이슬람에 대한 다양한 의견이 활발하게 나오기를 희망한
다. 이렇게 함으로써 무슬림이 다른 종교와 조화를 이루며 때와 장소,
상황에 맞는 해결책을 발전시켜 나갈 수 있을 것이다.

무심코 접하는 이슬람에 대한 이미지, 곰곰이 따져 보는 계기가 되기를!

우리는 오래전부터 독일에 살고 있는 무슬림과 이슬람을 알고 싶어 하는 독일의 일반인들을 대상으로 이슬람과 무슬림의 일상에 대해 강의를 해 오고 있다. 또 학교에서 어린이와 청소년을 대상으로 종교 수업을 해 왔다. 우리의 강의를 들은 많은 사람들이 강의 내용을 다른 곳에서 사용해도 되는지 묻고는 한다.

이런 문의가 들어오는 것은 어쩌면 당연하다. 이슬람과 무슬림의 일상을 주제로 한 우리의 강의는 일반 대중들이 흔히 접하는 각종 매체의 강의나 글에서 거의 다루지 않기 때문이다. 사실 그만큼 이슬람에 대한 일반인들의 인식은 안타까울 정도로 무지하며, 무슬림들조차 자신들이 믿는 종교에 대해 잘 모르는 경우가 많다. 우리는 지금까지 강연한 것을 바탕으로 무슬림과 비무슬림 모두를 대상으로 새로 글을 쓰기로 했고, 이렇게 해서 나온 것이 이 책이다.

이 책은 이슬람 일상에 대한 아주 기초적인 내용부터 최근 논란이 되고 있는 문제까지 다루었다. 글은 청소년부터 성인에 이르기까지 다양한 연령대에서, 그리고 서로 다른 교육 수준을 가진 독자들이 이슬람의 사고방식과 삶을 폭넓게 이해하도록 쓰는 데 노력을 기울였다. 무엇보다 우리는 이 책을 통해 개방적이고 현대적인 면모의 이슬람을 소개하고자 했다.

이 책은 이슬람과 무슬림의 일상에 대한 주제를 놓고 독자들의 자유로운 토론을 이끌어내기 위해 오래된 이슬람 전통을 새롭게 다루었다. 초기 이슬람 시대에 사람들의 사고방식과 신학을 다양한 분야로 이끌었던 사상과 논쟁도 소개한다. 이를 통해 독자는 이슬람과 무슬림의 신앙을 기본부터 충실하게 만나볼 수 있고, 한편으로는 지난 몇 백 년 동안 이슬람에 대한 이미지가 왜 이토록 일그러졌는지 살펴보고 그 해결 방향을 함께 생각해 볼 수 있다.

오늘날 세계 각국의 미디어, 교육, 일상생활에서 다루어지는 이슬람과 무슬림의 일상은 대부분 무지의 암흑 속에서 거론되어 왔다. 이슬람에 대한 논쟁이 벌어졌다 하면 하나같이 극단적인 주제가 오르내린다. 예를 들면 테러 공격, 강제 결혼, 명예살인, 청소년 폭력 같은 것이다. 그래서 우리는 이쯤에서 무슬림인 우리 저자들이 이슬람에 대하여 우리 스스로 내리고 있는 비판적인 생각과 무슬림이 아닌 사람들의 처지에서 이슬람 세계를 바라보는 관점을 모두 다루어야 할 필요가 있다고 생각했다.

글은 청소년 독자를 배려하여 되도록 아랍어와 전문용어를 줄이고, 세계적으로 통용되어 익숙한 이름과 용어를 썼다. 코란 번역은 우리가 발간한 《아이와 어른을 위한 코란》에서 인용했다. 특히, 까다롭고 때로 비판적인 우리의 글은 알렉산드라 클로보우크의 그림에 크나큰 빚을 지고 있다. 그림은 우리가 전달하고자 하는 내용을 어린 독자들이 이해할 수 있도록 말랑말랑하게 풀어 주는 데 탁월한 역할을 하고 있다.

우리는 이 책을 통해 많은 사람들이 이슬람에 대해 자유롭게 이야기하기를, 그리고 이슬람 내부에서도 이런저런 논의가 생겨나기를 바란다. 또한 많은 사람들로 하여금 무심코 보고 듣는 이슬람의 이미지에 대해 다시 한 번 곰곰이 생각해 보는 계기가 되었으면 한다.

코란은 이렇게 묻는다. "그런데도 너희는 생각하지 않느뇨?"(6:50) 우리는 이렇게 대답하고자 한다. "천만에요. 우리는 늘 생각할 겁니다. 그리고 좀 더 많은 사람들이 이 책을 즐겁게 읽고, 이슬람에 대하여 새롭게 생각하기를 바랍니다!"

글쓴이 람야 카도르 · 라베야 뮐러

이슬람을 그림으로 나타내도 될까?

　이슬람은 그림을 금지한다고 하는데, 구체적으로 어떤 그림을 금지한다는 걸까? 책에 그림을 곁들여 이슬람을 설명하려고 할 때, 교리를 중요하게 여기는 무슬림들이 이를 모욕으로 느끼지 않게 할 수 있을까? 이슬람 정통파들의 비난을 살 것이라는 막연한 두려움이 자유로운 표현을 막는 건 아닐까?

　나는 이 책을 작업하면서 '그림으로 이슬람을 표현하는 것'이 무척 영광스럽고 즐거웠다. 게다가 이 작업을 통해 이슬람과 더 가까워졌다. 나는 내 그림 작업을 '문화 일러스트레이션'이라고 부르는데, 이는 다양하면서도 따로따로 떨어져 있는 여러 영역을 서로 합친다는 의미를 담고 있다. 문화는 인간들이 이루어 낸 모든 것을 의미하며, 일러스트레이션은 그 관계를 설명하고 밝혀내고 명확히 해 주는 방식이다.

　이러한 생각은 나의 첫 책《이스탄불, 매운 소스를 뿌려 드릴까요?》에 잘 나타나 있다. 이 책은 터키의 도시 이스탄불을 전혀 모르는 사람들을 위한 것이다. 어느 날 문득 나는 독일 베를린에서 터키 사람들이 가장 많은 동네에 살면서도 터키 문화를 전혀 모른다는 사실을 깨달았다. 그래서 이스탄불로 가서 여섯 달 동안 살아 보았다. 독일에 돌아오니 주변 사람들은 내가 이스탄불에서 무엇을 경험했는지 호기심에 차서 물었다. 나는 이슬람 국가에 다녀온 젊은 여성으로서 불쾌할 수도 있는 다양한 추측과 질문에 맞닥뜨렸다. 그래서 이스탄불을 소재로 삼아 그림을 그리기로 했다. 물론 주제와 이야깃거리는 내 마음대로 선택했다. 내게 깊은 인상을 남겼으면서도 남들에게 흥미를 불러일으킬 만한 이스탄불의 문화를 골라 매우 개인적인 관점으로 작업했다.

내가 이슬람을 탐구할 때에도 이런 관점을 바탕으로 하였다. 나는 이슬람 학자도 아니고 이슬람 전문가도 아니다. 그러니 종교 논쟁에 끼어들 수도 없고, 그리고 싶지도 않다. 오히려 나는 종교가 삶의 일부인 사람들과 개인적으로 만나고자 했고, 그들이 일상생활 속에서 만나는 기쁨과 슬픔을 알아가고 싶었다. 그림을 그리는 사람과 보는 사람이 함께 친밀하면서도 낯선 이슬람의 세계로 탐험을 떠나는 것이다.

이슬람은 그들의 유일한 경전으로만 이해할 수 있는 확고하고 엄격한 종교로 보인다. 그러나 이슬람은 몇 세기에 걸쳐 세계적으로 다양한 문화권에 적용된 종교이다. 글쓴이들이 책에서 분명히 밝힌 것처럼, 오랜 세월 활발하게 활동하는 종교에는 여러 가지 해석과 내부적인 모순이 생기는 것이 어쩌면 당연하다. 그러니 이런 질문들이 생기게 마련이다. "히잡은 왜 쓸까?", "무슬림이 된다는 건 무슨 의미일까?", "기도는 대체 어떻게 하는 걸까?", "만일 메카가 어느 쪽인지 모를 때는 어떻게 해야 할까?", "무슬림이 금식을 할 때는 하루 종일 물도 마실 수 없을까?", "금식 때는 성관계를 하면 안 되나?"

어떤 질문은 얼토당토않게 들리기도 하고, 또 어떤 질문은 어린 무슬림들이 아무리 궁금해도 물어볼 엄두가 나지 않을 수도 있다. 하지만 이슬람에 대해 이야기하면서 함께 웃으면 안 된다는 법이 어디 있나? 따라서 이 책에 있는 그림은 이슬람을 존중하면서도 궁금한 것을 재치 있게 되묻고 따져 보려 했다.

그림으로 표현한다는 것은 그리고자 하는 내용을 제대로 탐구해야한다는 뜻이기도 하다. 왜냐하면 글쓴이가 무엇을 이야기하려는지 확실히 알아야 그림으로 나타낼 수 있기 때문이다. 예를 들면 다음과 같다. 성지 순례를 하려면 복장을 갖춰야 한다. 글쓴이는 이 복장에 대해 바느질을 하지 않은 두 개의 하얀 천으로 몸을 감아야 한다고 설명해 놓았다. 이를 그림으로 설명하기 위해서는 천을 어떻게 몸에 감는지 알아야만 한다. 그림에 틀린 모양으로 천을 감거나 성지 순례 의복에서 금지된 매듭이나 장식 같은 것이 있으면, 전문가들은 이 오류를 단번에 알아차린다.

이슬람의 수많은 의식들은 오랜 세월에 걸친 전통을 바탕으로 만들어졌다. 나는 되도록 자세하게 표현하여 이슬람에 대해 알고자 하는 사람이라면 누구나 쉽게 이해할 수 있게 하고 싶었다. 이슬람의 그림 금지는 신을 그리는 것을 금지하는 것일 뿐 아니라 선지자가 어떻게 생겼는지 보여주려는 그림을 금지하는 것이다. 나는 이슬람에서 말하는 그림 금지 원칙의 경계를 지켰다.

무슬림과 비무슬림 사이의 교류는 우선 재미있어야 한다. 나는 사람들이 내 그림을 통해 새로운 것을 발견하고, 흥미와 관심을 이끌어내고 싶었다.

그린이 알렉산드라 클로보우크

| 찾아보기 |

지식은 모험이다 10

10대가 묻고, 이슬람이 답하다

처음 인쇄한 날 **2016년 10월 5일** | 처음 펴낸 날 **2016년 10월 15일**

글 람야 카도르·라베야 뮐러 | 그림 알렉산드라 클로보우크 | 옮김 김효진 | 감수 유달승
펴낸이 이은수 | 편집 송연승 | 북디자인 투피피

펴낸곳 오유아이(초록개구리) | 출판등록 2015년 9월 24일(제300-2015-147호)
주소 서울시 종로구 진흥로 452, 3층
전화 02-6385-9930 | 팩스 0343-3443-9930

ISBN 979-11-5782-036-8 44200
ISBN 978-89-92161-61-9 (세트)

*이 도서의 국립중앙도서관 출판시도서목록(CIP)은 서지정보유통지원시스템 홈페이지(http://seoji.nl.go.kr)와
 국가자료공동목록시스템(http://www.nl.go.kr/kolisnet)에서 이용하실 수 있습니다. (CIP제어번호: CIP2016022748)
*오유아이는 초록개구리가 만든 또 하나의 출판 브랜드입니다.
 Oui는 프랑스어로 '예'라는 뜻입니다. 세상에 대한 긍정의 태도, 모험을 두려워 하지 않는 도전 정신을 책에 담고자 합니다.